すごい人のすごい企画書

一発で決まる！ 勝てる！ 本物の極意

Satoru Toda
戸田　覚

PHP
Business Shinsho

PHPビジネス新書

はじめに――「ヒット商品の企画書って案外普通だね」と、一〇〇人に言われた

あまり時間をかけずに、良い企画書を楽しみながら作って、商談や会議で勝つ。まるで夢のような話だが、これは真実だ。

本書を最後まで読んでいただければ、企画書作りがいかに楽しく、簡単かがおわかりいただけるだろう。企画書作りの「本物の極意」をお伝えしよう。

その裏付けは、僕がこれまでに見てきた数え切れない本物の企画書と、それを作った人から学んだことがベースになっている。

徹底した現場主義が僕のコンセプトだ。

理論も大切だし、ノウハウの重要性もわかってはいるが、だが、まずは成功している人たちが〝現場で何をやっているか〟がビジネスのキーだと僕は信じている。だからこそ、徹底取材主義の本を今まで数多く出してきた。

その中に、企画書を見るコンセプトの本がある。『ヒット商品の企画書が見たい！』『あのヒット商品のナマ企画書が見たい！』（共にダイヤモンド社）の二冊だ。

また、見積書やサービス、商談など、他にも様々な現場を取材した本を出版し、いろいろな場面で企画書や提案書などを見てきた。

それらは、出版用に取り繕《つくろ》って用意した見栄えの良い資料ではない。まさに現場で使われている本物。リアルだ。

大ヒットした商品は、ビジネスとして間違いなく成功と言える。「そんな商品の企画書なら、きっと素晴らしいに違いない」——誰もがそう考えるだろう。

僕も、そんな予測をしていた。

ところが、それらの本が出版されると、読んでいただいた方が口を揃えて言う。

「ヒット商品の企画書って、案外普通なんだね……」

その通り。僕自身も取材を重ねながら、同じことを感じていた。

もちろん、これは取材させていただいた企画書を見下しての発言ではないので、ご協力くださった方にはご容赦いただきたい。

実はこれ、僕自身の書籍に対するコンセプトそのものでもあるのだ。


「企画書は常に等身大でなければならない」

逆に言うなら、正しく作っていれば等身大の内容で勝てるのだ。

■大切なのは納得である

我々が思い描いている「素晴らしい企画書」とは、虚像に過ぎないのである。

広告代理店や制作会社の人が、何億円というプロジェクトのために作った企画書を思い描くから、目の前にある自分の企画書がみすぼらしく見えてしまうのだ。

もしくは、ライバルの提出した、素晴らしい（ように見える）企画書を前に、ほぞをかむ思いをした経験でもおありだろうか？

「そんな企画書では通らない」と、上司に言われて苦しんでいる人は多いだろう。講演やセミナーを聞いていただいた方から、「企画書は、いったいどこまでやれば、正解なのでしょう？」と問われることもしばしばだ。

こんな悩みを持っている人は、企画書を作ること自体が目的になりかねない。

結果、最も肝心であるはずの商談に敗れたり、会議で認められなかったりする。


企画書で一番大事なこととは何だろう？

よく、「内容でしょう」と言われる。もちろん、内容は大切だ。

この答えには、「見栄えが良くても内容がダメなら意味がないです」という真意が含まれるだろう。もちろん、それはそうだ。だが、ときには過剰なほど見栄えが良くないとダメなケースも出てくる。見た目はケースバイケースなのだ。第一、内容が良くても相手に伝わらなければ意味がない。

企画書で大切なポイントは次の三つだ。

①内容がきちんと伝わる

あなたが思い描いていること、会社がやろうとしていることが相手に一〇〇パーセント伝わらなければ、まるで無意味だ。

もしくは、事実が間違って伝わったり、勘違いされるようなら、そんな企画書など出さないほうがいい。ところが、多くの企画書がここで躓《つまず》いている。

②相手に納得してもらう

説得する必要はない。いらないモノを無理に買わせる企画書が正しいとは思えない。だが、相手に真意が伝わって、納得してもらわなければならない。

「文章は読めるが、内容が理解ができない」という企画書が目立つ。

相手の理解度やニーズに合わせて、納得できる資料を作るべきだ。ひと言で表すなら「わかりやすい」ということだ。

③必要度に応じて、等身大で作る

ニーズに見合った企画書を、適正な時間と労力で作らなければならない。

オーバークオリティは、ときに時間の赤字を生み出す。もちろん、マイナスのクオリティでは企画自体が通らずに敗れてしまうだろう。

こちらの伝えたいことが完璧に伝わる企画書を最短の時間と労力で作る。すると、苦労

企画書のポイント3カ条

point 1 内容がきちんと伝わる

point 2 相手に納得してもらう

point 3 必要度に応じて、等身大で作る

もなくなり仕事も楽しくなるはずだ。

この三つのポイントを適切に押さえた企画書こそ、ビジネスを勝利に導く。商談が成約し、会議で存在を認められる。

つまり、仕事にやりがいが生まれ、達成感も味わうことができるのだ。

現代のビジネスでは、交渉力やコミュニケーション力も重要だが、ドキュメント作成力がより求められるようになってきている。口頭の交渉力より、文章力がモノを言う。

顧客との交渉や社内でのやりとりをメールで行う機会が増え、そこに企画書を含む様々な資料を添付するようになったではないか。しゃべりや交渉力を伸ばすのは難しく、経験も必要だ。ところが、企画書を作る能力を伸ばすのは、交渉力向上に比べれば簡単で、経験はさほど必要ない。

しかも、会話による交渉力には人間性が大きく関わっており、人の好き嫌いまで影響を及ぼすから難しい。一方、企画書は、目の前に積み上げて冷静に比較ができる。

良い企画書は、誰の目にも明らかに良いのだ。

■文章力や才能はほとんど必要ない

冒頭の話に戻そう。

「ヒット商品の企画書って、案外普通なんだね」

この言葉を再認識して欲しい。

優れた企画書だからといって、小説のような凝った表現をしているわけではないのだ。だから、取り立てて文章がうまい必要はない。さらに、絵心だってほとんどいらない。

みんなパソコンのソフトが助けてくれる。絵心を身につけるより、最新のソフトを買ったほうがはるかに手軽で効果的だ。

ところが、交渉力やしゃべりが上手になるには、話術に長けていたり、人の心を引きつける魅力が必要だろう。それを身につけるのは、とても大変である。その種の本を読んでも、実際に書いてある通りにするのは困難。ある意味、才能も必要だろう。

企画書作りの能力を向上させるのは、ビジネスのキラースキルとしては比較的簡単で、効果も絶大なのだ。

さあ、企画書作りのテクニックを楽しみながら身につけて、ビジネスに勝利しよう！

平成十八年九月

著者記

すごい人のすごい企画書 ◆ 目次

第7章　会議と商談で企画書を作り分ける、提出方法も変える！

図表作成／きゃら

第1章

企画書の神髄は「提案」と「ベネフィット」だ！

◇実は誰もが企画書下手——悩む前に勝利の法則を知ろう！

企画が上手な人は意外にたくさんいる。また、素晴らしいアイディアを持っている人も数え切れないほど多い。

だが、それを正確に伝えられない人が、これまたゴマンといる。

だから、あなたに特別なアイディアやスペシャルな発想力がなくても企画書で勝てるチャンスはいくらでもある。

「普通の企画を、わかりやすく伝える」——これが企画に勝利する最低の条件である。企画そのものの内容と企画書作りのテクニックとは関係がないのだ。この条件をクリアした上で、より良い企画を作り出す工夫をしよう。

■企画とは提案である

そもそも、企画書とはどんな書類だろう？

企画とは何かご存じか？

図1　Ⓐと Ⓑ —どちらが企画書として優れている？

Ⓐ

素晴らしい企画だが、相手にうまく伝わらない

Ⓑ

普通の企画だが、相手に100%伝わる

企画書として素晴らしいのはどちらだろう？
内容が素晴らしくても相手が理解できないなら、
実は白紙を提出しているようなものだ。

ある企業の営業マンの商談に同行し、彼の企画が通らない原因を探ったことがある。飛び込みセールスから、数度の商談を経て契約するまで一緒に行動した。彼が販売しているのはコピー機だ。

1　ファーストアプローチ

まず飛び込みで、彼は会社の作ったパンフレットやカタログを提示しながら話をした。何割かのお客様が内容を聞いてくださる。だが、契約までに至らないと、彼は頭を抱えていた。

そこで僕は、「飛び込んで話を聞いてくれたお客様に『企画書をお持ちしていいですか』と聞いてみては」と、彼に提案した。

すると、話を聞いてくださったお客様のほとんどがＯＫと答えた。どんなお客様も、自分にとって価値のある企画書を待っているのだ。もちろん、契約にまで至るかどうかは別だ。しかし、企画を出すことは、営業の醍醐味であり、やりがいでもあるのだ。

2　企画提出

彼は企画書を提出した。これから提案しようとしているコピー機がどんなに優れているか、素晴らしい機能を持っているか……。そんなことを書いた資料である。ライバル製品との機能比較表も付いている。

お客様は、「ふーん、検討しておくよ」と答える。彼は、「お見積りだけお持ちしていいですか」と聞く。答えは「ＹＥＳ」。喜び勇んで会社に帰る。

3　見積提出

早速見積書を作って提出するが、商談は決まらない。明確な返事がないし、相手が欲しがっているとも思えない。断り代わりに「検討します」と言っているのが明白だ。

さて、問題はどこにあるだろう？

間違っているのは企画書の内容なのだ。彼が提出したのは、パンフレットを詳しくした資料でしかない。ある意味、カタログの抜粋だろう。

これで買ってくれるお客様も確かにいるだろう。しかしそれは、営業の能力や企画力で買おうとしたのではなく、あくまでも商品の力で契約しているに過ぎない。

セールスパースンが存在する価値がないのだ。

では、どうすればいいだろう？

実はここにこそ、企画書で勝つための絶対的な法則が潜んでいるのだ。

■相手のメリットを明確にする

企画書は、相手に応じてアレンジしたものでなければ意味はない。

だからこそ、汎用的なカタログとは違う価値が生まれ、購買の強い動機になる。社内の会議に提出する企画書なら、目標達成のための企画であるべきだ。

そこで大事なのが、相手のメリットを明確にする提案だ。

「自社のコピー機を購入したら、お客様は何がうれしいのか？　どんなメリットがあるのか?」——それを明確にした企画書を再提出してみてはどうだろう?

彼と一緒に、次のような内容を記した企画書を作った。

・新しいコピー機がどれほどスピーディで、その結果、一日あたりの作業時間がいかに短縮されるか。
・ランニングコストが下がり、今までよりどれだけ経費が浮くか。
・プリントが美しいので印刷機代わりにも利用できる。
・音が静かで周囲に座っている人にも負担がかからない。

モノクロで印刷した企画書は、特別に美しいわけでもないし、完成度の高いビジュアルがあるわけでもない。だが、「お客様の場合、今の使い方なら○○円お得になります」「印刷時間が○分速くなり、五年間で○時間の節約になります」と、具体的なデータを入れた。

お客様は、納得し、感心して契約してくださった。購入後も、「良い機器を紹介してくれてありがとう」と、感謝すらしてくださった。

ここに「企画の神髄」がある。

自分が「わかっていること」「思っていること」を口に出しても、一〇〇パーセントは伝わらない。「コストも下がります」と口頭で伝えても購買の動機としては弱いのだ。しかし、顧客の立場に立って具体的な数値を盛り込んでいくと素晴らしく効果的だ。

会議でもしかり。

企画を提出したときに、相手が求める大切な情報が抜けていないだろうか。

例えば新規事業の企画書なら、収益の予測、成功の確率、かかるコスト、スタッフ、スケジュール……。肝心なことが抜けていると、いかに理想的なプロジェクトでも、相手の求めている情報は伝わらない。

ときには、相手が求めている情報を相手自身が気づいていないこともある。それさえも探り出して明記した企画書こそ、真に優れた企画書と言えるのだ。

企画の神髄は、「提案」と「ベネフィット（利益・恩恵）」だ。

ビジネスや商品を提案し、その結果、相手が得るベネフィットを明確にする。もしも、そのベネフィットが予測であるなら、企画書のボリュームが増えてくる。予測を裏付ける情報が必要になるからだ。

繰り返そう。企画に勝つ秘訣とは、「提案」と「ベネフィット」だ。

◆究極の企画書は〝読み手の思考を促す〟力を持つ

相手に提案したいこと、つまりベネフィットが一〇〇パーセント伝われば、企画書としては合格だ。

ここでいう提案とベネフィットとは、前項で挙げたような相手のニーズに即したものだ。製品の特徴を伝えるのはカタログの役目だし、値引きを伝えるのは見積書だ。

その商品を買ったら相手にどんな得があるのか、自分の提案を通してくれたら、会社にとってどんなメリットがあるのか、この点を徹底重視して企画書を作らなければならない。

ベネフィット以外の部分が多少伝わらないのはかまわない。最悪なのは、自分の頭の中にあるベネフィットが一〇〇パーセント伝わらないこと、伝えられないこと、（ベネフィットを）伝える術を持たないことだ。

次に悪いのは、考えたり工夫したりすればベネフィットを提示できるにもかかわらず、企画書を作っているあなたがそれに気づいていないケースである（もしくは、考えようとしていない……）。

具体的な方法は、40ページ以降で詳しく解説するが、まずは、今まで作ってきた企画書に提案とベネフィットがきっちり含まれていたかどうか、よく見返して欲しい。

単なるカタログや仕様書、価格表などに成り下がっていなかっただろうか？

ベネフィットが含まれた良い企画書を作るのは、さほど難しいことではない。また、ベネフィットが含まれるように企画書の構成を考えていくことはとても楽しく、また、やりがいがある。

そう、これこそが、クリエイティブな作業なのだ！

■一二〇%伝わる企画書を目指す

目指すべきは、言いたいことが一二〇%伝わる企画書だ。

次ページの図2をご覧いただこう。同じ内容を伝えるにしても、グラフを使うことでデータがよりリアルに感じられるだろう。毎月三万円という金額が積もると大きな額になることが、より実感できるはずだ。

これが、言いたいことを一二〇パーセント伝えている良い例だ。

図2　120パーセント伝わる企画書とは？

◆言いたいことが"100パーセント"伝わる企画書

このコピー機を導入すると、ランニングコストが
毎月3万円節約できます。

◆言いたいことが"120パーセント"伝わる企画書

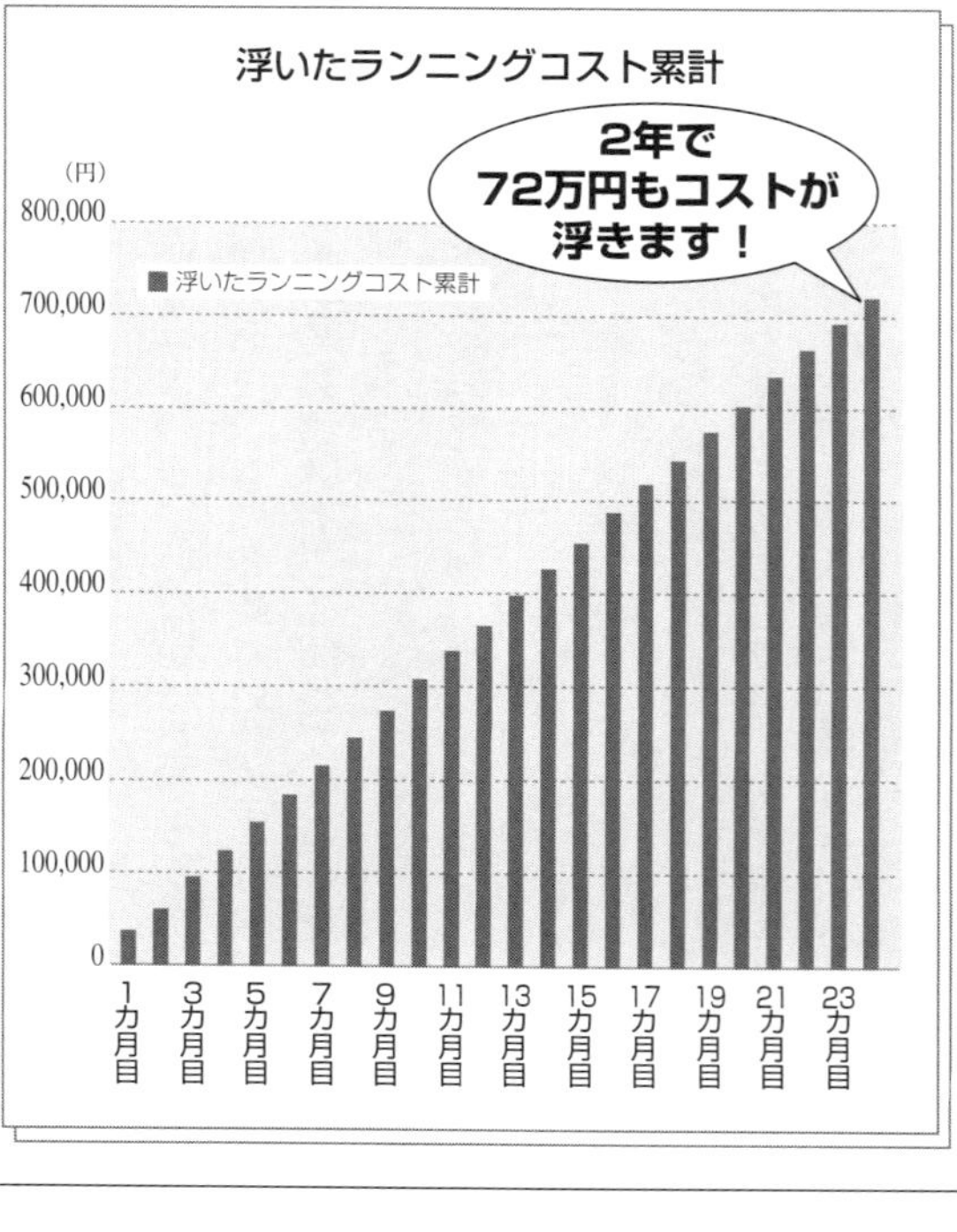

一〇〇パーセントのものをオーバーに伝えて一二〇パーセントと思わせることではない点には注意して欲しい。

要するに、理解度を一二〇パーセントにすることを目指すわけだ。

これも大変楽しい作業だ。

どのような方法で伝えれば、一二〇パーセントに近づき、さらに上を目指せるか、知恵を絞っていろいろと工夫して欲しい。

『これがトップ営業マンの売り方だ！』（ダイヤモンド社）で取材したドン・キホーテの青木氏は、入浴剤を売るために知恵を絞った。

「『良い香り』と伝えるよりも、体感していただいたほうが早いだろう」と。

そこで、カラになった名刺の箱に入浴剤を入れて陳列棚に貼り付けたのだ。これで、直に香りをかぐことができ、入浴剤の売上が一気に増えた。

こういった工夫は企画書にも使える。

「○×の良い香り」と文字で書くよりも、商品そのものの香りがわかるように、布の袋にでも入れて貼り付ければよい。

印刷が綺麗なプリンターの企画書なら、実際に出力した紙を貼り付ける。しかも、従来の印刷がイマイチの出力と並べて切り貼りし、比較しやすいようにしなければならない。必要なら、ルーペを一緒に渡すくらいの工夫や知恵が勝ちにつながる（写真参照）。何とも楽しい作業ではないか！

印刷クォリティの差を
拡大してご確認ください！
従来のプリンター
最新モデル

例えば印刷の品質を比較して欲しいなら、一部を拡大したカタログを見ていただくより、実際の出力を添付。虫眼鏡で直接比較していただくのがわかりやすい。

■究極は相手に考えさせる企画書

究極の企画書は「相手に考えさせる」力を持つ。

それはどういうことか。

ここまでに書いてきたように、読んでも理解できない企画書はまったく無意味だ。理解するのに苦労する企画書も、当然話にならない。

言いたいことを一二〇パーセ

ント伝えることが大切だということを言ってきた。

でも、ここまでできたなら、さらに上を目指そう！

それが、先ほど言った「相手に考えさせる」企画書、つまり、「読んだ相手が、自ら考え、企画の内容を自分で咀嚼《そしゃく》して考えてくれる」企画書だ。また、できる人の企画書とは、そういうものだ。

これは、企画書ではなく通販カタログの例だが――「築地魚河岸やっちゃば倶楽部」の通販カタログは圧倒的客単価を実現している。

その秘密は、書いてある文章にある。「このラーメンはうまいと言われる本格品だが、クセが強くて筆者の口には合わなかった……」といった、真実の感想が書いてあるのだ。

単に「うまい、うまい」と書き連ねたカタログより、はるかに信頼性があり、かつ、読者に考えさせる。「自分の口に合うのだろうか」と（『儲かる商売のナマ現場が見たい』ダイヤモンド社で掲載）。

企画書も同様だ。真実をしっかり書いてこそ、相手は考えてくれる。下手に「良い」を連発すると、考えるより疑ってしまうものだ。

■最悪の企画書は嘘やだまし

企画書で、絶対にやってはいけないこと。

それは、嘘やだましだ。

ライバルより劣っている商品を「優れている」と書いたなら、詐欺同然だ。

これを〝企画書の嘘〟と言う。

ライバルより劣っている商品を「優れているように見せかけた」なら、これは〝だまし〟だ。商談でも会議でも、相手をだましてはいけない。それと同じことだ。

どうしてもライバルより劣っていることを伝えたくないなら、その点については書かなければいい。

しかし、僕ならばはっきり書いてしまう。

「真実を伝えている企画書」と「それを作った人」こそが信頼を勝ち得ることを、これまでに見てきた企画書から学んだからだ。

自社製品に劣っている点があることを、あえて比較表で明確にする。会議で新規事業のプロジェクトを提案するなら、失敗する可能性やその予測を明確にする。

このように、真実がきちんと含まれている企画書こそ、嘘やだましが含まれていたり、情報を開示しない企画書よりも高く評価されるのだ。

◇良い企画書は企業を救う

良い企画書は、企業を救い、あなたの成績を上げる。

当たり前と言ってしまえばそれまでだが、この点を深く考え、社をあげて努力している会社はほとんどないのが現実だ。

全社員が良い企画書を作れたなら、その会社が繁栄することは疑う余地がない。スタッフの間で、それぞれの「言いたいこと」「伝えたい情報」が一〇〇パーセント共有される。しかも、それがドキュメントとして残るのだ。

販売や営業についてもしかり。製品やサービスの良い点を余すところなく伝えようと、スタッフ全員が努力し、かつ、顧客も情報をしっかりと把握してくれる。「せっかくの良い提案なのに、上司はわかってくれない」「どんなに良い製品を作っても、うちの会社は販売力が弱いから」と、こんなグチを聞くこともなくなる。

「値引きをせずに勝つ」——これも僕の重要な執筆テーマだ。世の中には値引きをせずに収益を上げている企業がゴマンとある。その多くが企画や提案に力を入れている。ライバルと差のない製品を扱っている企業こそ、企画力がモノを言うのだ。

■企画書作りに教育やコンセプトのない企業は負ける

企画を立案し、書面に落とし込んで相手に見せる。

たかがこれだけのことなのに、社内で企画書に関する教育が一切なされていない企業がほとんどだ。超有名広告代理店の管理職の方と話をしていたときでさえ、ひしと感じた。

「数億円単位の広告の企画なら、制作会社に頼んで作らせればいいんですが、普段の企画書が作れない若手が多くて……」と、グチをこぼす。ところが、これといった社内教育はしていないと言う。

教育もしないのに、どうやって上手になれというのだろう……。

気づいていないのである。

また、企画書のコンセプトが明確でない会社も多い。「こんな企画書ではわからない」と会議の場で突き返されても、では、どこまで作り込めばいいのか、何を以て「わかりやすい」とするのか、わかりやすさの基準が出せないのだ。こんな大切なことを上司の主観や好き嫌いで判断している会社すら多い。

さらに、文化がないのも問題だ。現代社会で商談や会議に勝つには、その場でのみ有効なコミュニケーション力や説得力より、企画そのものがモノを言う。だから、企画書を準備する時間が大切で、そこに力を注がなければならない。にもかかわらず、良い企画を出し、素晴らしい企画書を作ったスタッフを褒め、評価する文化がない。

スタッフに楽しく企画書を作らせる企業でありたいものだ。

■商談が決まり会議がスムーズに

素晴らしい企画書を作っている企業では、商談の成約率が上がり、会議もスムーズに進む。それは当然だ。

さて、読者の皆さんの中には、経営者の方もいらっしゃると思う。

ここではっきりと言っておくが、社員の発想やアイディアは、会社の重要な武器であり資産だ。スタッフが考えていることを共有し、伝え合える会社こそ強くなる。

例えば、営業が売る現場で感じたことを企画書に落とし込んで、企画や開発、生産部に伝える。これができる会社とできない会社では、力がまるで違ってくる。

逆もしかり。企画や開発部の作った企画書が、売る現場や経営者にも伝えられなければならない。部署を問わず、あらゆるスタッフが企画書を上手に作れるようになるべきだ。

ここで一つ念を押しておこう。良い企画書とは、時間をかけた見栄えの良いものでもなければ、デザインばかりを重視したものでもない（このことについては後で説明する）。

■企画書は作る人と提出する人が別でもかまわない

企画書を作るのが苦手な人もいるだろう。そのほとんどが、社内教育次第で企画書好き、企画書上手になれるはずだ。ところが、僕が企画書セミナーを実施しても、一～二割の方は拒絶反応を起こす。

企画書作りが楽しいと思えないのだ。こんな人は、これからの時代には通用しない。しかし、どうしても楽しいと思えないのなら、無理に企画書作りを強要する必要はない。誰かが代わりに作ればいい。つまり、企画書のシェアである。

Aさんが作った企画書をBさんが商談に使ってバンバン契約を結んだとしても、別に泥棒でもなければ、ずるくもない。

仕事中に作った企画書は個人のものではない。会社の所有物なのだ、基本的に。良い企画書は、どんどんシェアして使い回せばいい。

もちろん、良い企画書を作ったAさんは、それなりの評価を受けるべきではある。いずれにせよ、良くできた企画書があったら、ファイルで社内に配布して使い回そう。この考えが進んだものが、「情報共有」や「ナレッジマネジメント」だが、そこまで大それたことを考えたり、費用を使う必要もない。一つのフォルダーに部署ごとの企画書をまとめて入れておき、いつでも誰でも使えるようにすればいいのだ。

「Word（Microsoft）」を使って企画書を作るなら、テンプレート（ひな形）をうまく使う。テンプレートは何度使い回しても、元のファイルが失われたり変更されることがない。

ただし、ずば抜けた営業成績を上げたり、素晴らしいプロジェクトを会議で通したいならば、どれほど苦労しても企画書は自分で作るべきだ。

自分が言いたいことを伝える書類を、第三者に作らせて、思い通りにできあがるケースはまれだ（企画書シェアの問題点は、改めて198〜201ページで説明する）。

■企画書上手な上司になる

上に立つ人ほど、「企画上手」「企画書上手」でなければならない。

なぜなら、ほとんどの会社で、部下が作った企画書を上司が判断し、決裁するからだ。受け入れ側が企画書に長けていなければ適切な判断ができない。

まず問題なのが、企画そのものが理解できるか否か。企画書が悪いばかりに、素晴らしい企画が伝わってこないのか、それとも企画内容そのものが良くないのか——これが判断できない上司が世間にはあふれている。

「こんな企画書ではわからない」

そう言うこと自体は良い。しかし、〝どこまで書けばわかりやすいのか〟を明確に伝えられていないのなら、部下は戸惑うばかりだろう。

内容を理解した上で、企画に対してアドバイスしたり、否決する理由を明確に伝えられていれば、部下には不満は残らない。だが、見ているのかいないのかわからないような状態でNGを出されると不満が募るのだ。

また、部下に対して無理難題を押しつける上司もダメだ。出せるはずがない売上予測を盛り込むように指示したり、予算もないのにアンケートなどのマーケティング情報がないと判断できない、などと突き返すのも間違っている。

企画書を突き返し、否定するのが上司の仕事ではない。部下の立場に立ってアドバイスして、素晴らしい企画書を作らせるのが役目だ。必要なら企画書の作り方やポイントをレクチャーするくらいの上司でなければ会社は勝てない。

パソコンが苦手などと、くだらない言い訳をしているヒマはない。上司になったなら、企画書上手になるための学習を徹底するべきだ。それこそが、企業を救う最良の方法なのだ。

■企画書作りは部下をも救う

営業職の場合、毎月のように売上ノルマに追いかけられ、苦しんでいる人が多いだろう。いつも不思議に思うのだが、どの会社でも思うように成果が上がらない人の方が、なぜか多い。苦労せずに売れる商品・サービスなら、営業はいらないということなのだろうか？

ともかく、営業とは、かくも苦しい仕事である。やり方は人それぞれだが、ストレスがたまり、体力も消耗するだろう。

そこで楽しいのが企画書作りである。

企画書作りはクリエイティブな作業で、かつ、デスクワークだ。外出がちの営業マンにとっては、格好の息抜きの場となり、いつもとは別の形で知恵を絞ることができる。

「企画を考えているときが楽しい」——会社をこんな雰囲気にできたなら、スタッフも楽しく働けるはずだ。

誰もが、熱意を持って企画を作れる会社にしよう。そのためには、やはり上司が企画書作りに精通し、的確なアドバイスを送ったり、部下を褒めることが大事なのだ。

第2章

企画書を作る前に、
これだけは知っておきたい
“あれこれ”

◇企画書の目的を明確にする

前章では、「企画書とは何か」という、基本中の基本について解説した。ここからは、いよいよ企画書作りの実践に入っていきたい。……と、その前に、本章では〝企画書を作り始める前にぜひとも知っておいてもらいたい重要事項〟について述べていく。

一番最初にやるべきで、かつ、最も重要なのが「企画書の目的を明確にする」ことだ。

何のために企画書を作るのか——これが明確でなければ、第1章で記したベネフィットを見つけることもできないし、当然、企画書を作り始めることもできない。

まずはこのことをしっかりと肝に銘じて欲しい。ただし、目的の明確化にはちょっとしたコツがある。これから企画書を作ると考えて、目的を決めてみて欲しい。

・会議に企画を通す
・商品を売る
・契約を結ぶ

図3　企画書の原則

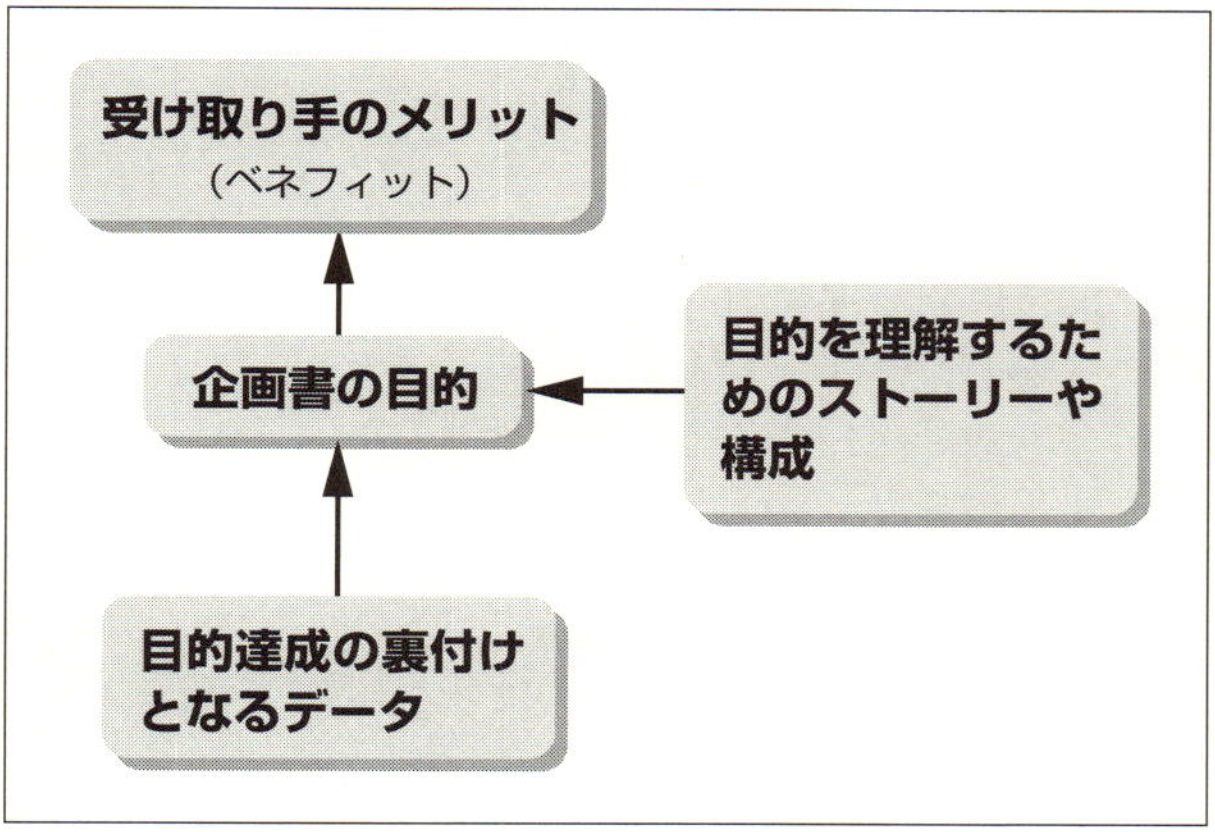

こんな目的を挙げた方。これはもう間違いない。完璧である。

だが、この種の目的を目指していると、永久に良い企画書を作ることはできない。なぜなら、企画書が目指すところとして間違いないのだが、要するに「自分が勝つこと」を目的にしているからだ。

これではビジネスの成立は非常に難しい。企画書は図3のように考えるべきだ。

まず、「目的」は企画書を受け取った相手にとって高い価値のある「ベネフィット」でなければならない。相手にとって明確なメリットこそが目的だ。

そして、その目的を理解してもらうために、重要なのがストーリーや構成なのだ。

繰り返すが、相手が理解できない目的は、まったく意味がない。
さらに、内容を理解した上で相手の同意を得なければならない。つまり、目的が達成できると確信する「裏付け」が必要になる。この、どれかが欠けても良い企画書は作れない。

■「目的」「ベネフィット」「裏付け」が揃った企画書——値引き販売の例

わかりやすいように例に置き換えてみよう。会社の会議の企画書で商品を安く売りたい場合だ(図4参照)。この企画書では、三つのポイントがしっかり押さえられている。

ポイント1　「目的」
値引き販売すること。そのストーリーが簡潔にまとまっていてわかりやすい

ポイント2　「ベネフィット」
値引き販売することで、結果としてより利益が上がる

ポイント3　「裏付け」
アンケートの結果、八〇円に値引き販売することでシェアが倍になると予想される

図4　3つのポイントを押さえた企画書（例）

「○×」値引き販売企画

現在、弊社の主力商品「○×」は、1個100円で販売しております。しかし、これを80円に値下げすることで、多くの利益が期待できます。

アンケートの結果、○×の売価を80円にすることで、現在の倍以上のシェアを獲得することがわかりました。最低でも倍の売上が見込めます。

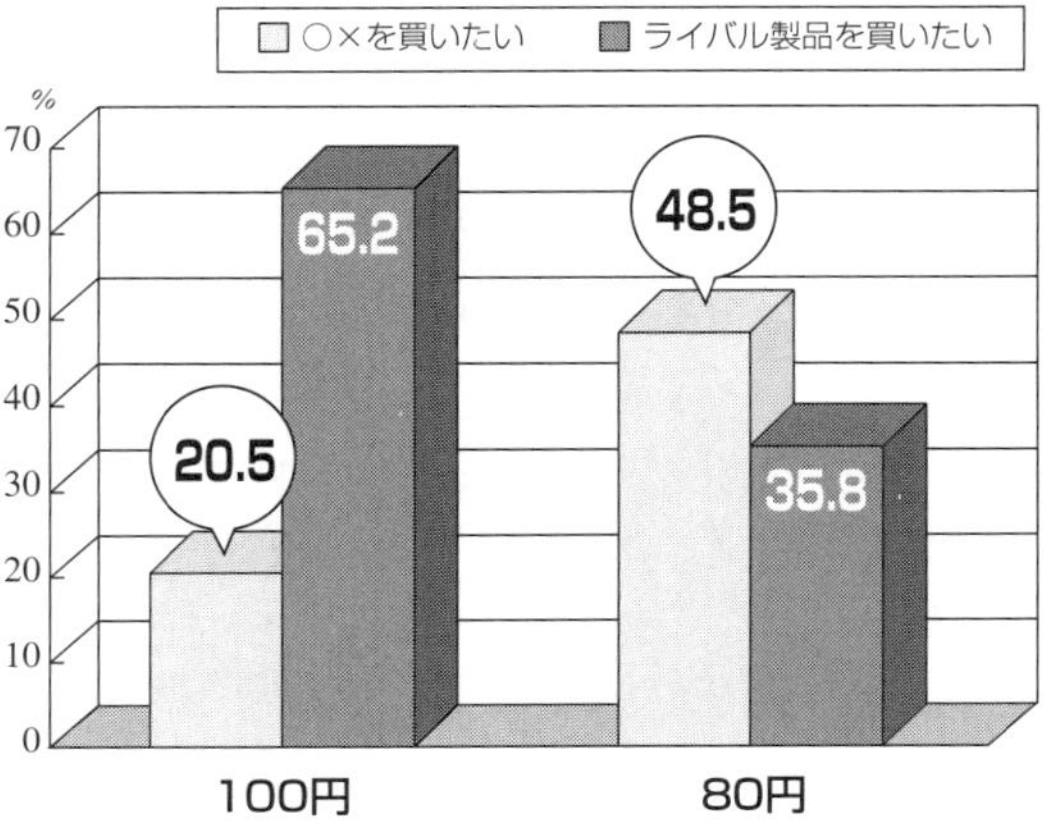

100円で販売

利益50円×100万個
＝粗利5000万円

80円で販売

利益30円×200万個
＝粗利6000万円

この企画書は、あくまでも例として作ったので、話ができすぎている。だが、普段からこのような企画書作りを心がけて欲しい。もし、このポイントのどれかが欠けているなら、正しい企画書にはならない。

目的が明確でない企画書は成立し得ない。しかし、現場を見ていると、あいまいな目的の企画書が多すぎる。単なる商品の紹介ならカタログで十分だ。同じ商品紹介でも、例えば「御社にとってこの商品のメリット」と、目的が明確でなければならない。

さらに、相手のベネフィットを達成できる裏付けがないなら、企画自体を作り直さなければならない。相手にとって、導入すると良いことがあるとベネフィットを書いているのに、その裏付けが出せないなら、それは単に口先で言ったことと変わらないからだ。

■裏付けをどう用意するか——パンフレット作成の例

ある会社のパンフレットを作るコンペがあった。僕がおつきあいしている会社がそこに参加しており、企画書提出をお手伝いした。

最初に用意されていた企画書の趣旨は次のようなものだ。

「売上向上のために、美しい写真を満載したパンフレットで、商品をより良く見せませんか」

もう、ここまでお読みいただいたのなら、ピンと来ただろう。この企画書には目的とベネフィットがあり、そのためのアイディアも盛り込まれている。ところが、裏付けがないのだ。

・目的とベネフィット↓売上を向上させる
・そのためのアイディア↓商品を美しく見せる

欠けているのは、裏付けなのだ。

ただ単にこう言うだけなら誰でもできる。ちょっと工夫ができる人ならば、裏付けのないベネフィットを盛り込んだ企画書を作るのは他愛もない作業である。だが、相手の意識が高いと、スグに疑問を持たれる。

そこで、現在のパンフレットと、新しく作る予定の写真満載のパンフレットを用意して、三〇名にアンケートを採った。もちろん、新しいパンフレットは未完成版だが、簡単にデザインをしてカラープリンターで印刷した。

その結果、新しいパンフレットが見やすいと感じた人が七割にも達した。このデータにより、企画書に明確な裏付けを打ち出せたのである。

◇パソコンを起動する前にやっておくこと

いざ企画書を作ろうとする場合、皆さんは一体何をするだろうか？

多くの人は、いきなりパソコンを起動し、「Word」や「Power Point」を立ち上げて、タイトルから入力し始めるのではなかろうか。するとどうだろう。とたんに行き詰まって、ウンウンとうなるだけで前に進まなくなるかもしれない。もしくは、自分は企画書の達人だと信じ込んでいて、スイスイ作業を進め、小一時間で完成させるかもしれない。

だが、こんな企画書に限って、わかりづらかったり、重要なポイントが抜けていたりする。キーボードを叩く前に、まず準備すべきことがあるのだ。

■ターゲットを明確にする

まず、目的を作る準備をしよう。そのためには、ターゲットが明確でなければならない。商談であれば、ターゲットは決定権者だ。商談で話をしている相手は、単なる窓口で、決定権者は別にいることも多い。

また、会議に提出する企画書なら、誰を説得すれば企画が通るのかを明確にしておこう。会議の場にいる全員かもしれないし、ワンマン社長一人の場合もあるだろう。大事なのは、誰のための企画書なのか、ターゲットを明確にすることだ。もし、ターゲットが明確でないなら、企画書を作る前に調査から始めなければならない。ターゲットが決まらなければベネフィットも決まらないのだから。

■目的とベネフィットを決める

ターゲットに合った目的と、ターゲットが納得するベネフィットを考える。くどいようだが、「車を売りたい」「車を買って欲しい」はあなた側の目的だ。

「新しい車で燃費が軽減される」「新しい車で気持ちよくドライブができる」「今買い換え

ると、○×がお得だ」――こういった、相手の目的やベネフィットを明確にするのだ。

■理解度を把握する

これから提出する企画に関して、受け取り手側の理解度を把握する。あまり知らない相手なら、詳しい説明が必要だろう。

逆に、よく知っている相手なら、省ける部分もたくさんある。十把一絡げの説明は、相手に合わせて作る企画書としては最悪だ。企画書の使い回しやテンプレートも悪くはないが、きちんと受け取り手に合わせてアレンジしなければならない。

■裏付けを収集する

裏付けになるデータなどを収集する。すでに用意できているなら、それを使えばよい。また、これから集めるとしても、ベネフィットに合ったデータが集まるか否かが勝負だ。データが集まる目処が立たないなら、目的とベネフィットを修正しなければならない。

実は、ここが一番の頭の使い所である。ありそうもない裏付けをどうやって見つけ出すのか、知恵を絞る作業を楽しもうではないか。

■必要な資料やビジュアルを揃える

商品の写真や場所の地図、価格表など、必要な資料やビジュアルを揃える。何が揃うのか、調査をしてきちんと把握しておく。企画書を作り始めてから場当たり的にビジュアルや資料を集めるのは最悪だ。時間ばかりかかってしまう。

例えば、住宅関連の企画書で、街の様子の写真撮影をする必要が生じるなら、どのような写真がベストなのかよく考えて、最初に撮影しておく。

もちろん、同僚が持っている写真があるなら借りてもいいだろう。とにかく、必要な素材をすべて揃えるのが、結果として後々のダンドリを良くする。また、素材が揃わないと次の構成が組み立てられない。

■構成を考える

企画書の構成を決める。どんな順番で何を言うのかを明確にする。

構成の作り方は第3章で説明するが、大切なのは実際の企画書作成作業に着手する前に全体の流れを決めておくことだ。

どこにどんな情報を入れ、どんな資料やビジュアルを配置するか、大まかに決めておく。これで、スカスカのページとぎゅっと詰まったページが混在するようなミスが防止できる。

■締め切り

内容が思い通りのレベルに達していないとしても、商談や会議の期日は必ずやってくる。いつが締め切りなのか、期限を明確にしておくことも重要だ。期限をオーバーした企画書は価値がゼロになる。たとえ完成度が八割でも、期限に間に合わせることが前提だ。

■コンペの有無

ライバルがいることがわかっているならば、確実にチェックしておこう。商談では、ライバルが把握でき、かつ、ライバルが提示してくる商品がわかるケースも多い。そのような場合には、比較表などを作ってライバル対策を万全にしておくこともできる。

これらの事前準備は慣れないとなかなかうまくいかないだろう。逆に慣れている人なら、頭の中だけで展開することもできるかもしれない。どちらにしろ、最初はパソコンを起動する前に準備を終えておくことが良い企画書を作り上げる第一歩だ。

◇ヒアリングシートを活用すれば、誰でも完璧な企画書が作れる

前項を読んで、頭を抱えている人も多いだろう。企画書作りのセミナーでも同様の話をすると「大学時代の勉強より難しい……」と、難色を示す方も多い。

そんなときの心強い味方が、これから説明する「ヒアリングシート」だ。いわゆるチェックリストであるが、これをぜひ活用して欲しい。あっという間に企画書作りのプロセスに自信が持てるようになるだろう。

ちなみに、これまでに僕が取材した素晴らしい企画書は、このヒアリングシートに出ている要件は必ず埋められている。もしくは、理由があって、ある要件を排除している。『あのヒット商品のナマ企画書が見たい！』に掲載したプロピアの企画書は、カツラの代わりに頭に貼り付けるシールのような新しい製品「ヘアコンタクト」を図解しただけのも

のだった。何より、社長が先陣を切って進めているプロジェクトだから、予算も開発費の詳細も必要ないのだ。事業自体はすでに「ＹＥＳ」なのである。だから、取引先などに何を作りたいかが明確に伝わればそれだけでいいのだ。

逆に、オニツカタイガー（同書に掲載）の企画書は、大切な項目がきっちり埋められていた。目的と目標を明確にし、それを達成するための営業手順がわかりやすく記載されているわけだ。一見、文字ばかりの企画書で取っつきにくく思えても、ポイントが押さえてあれば社内の企画書としては十分だ。これもすなわち、受け取り手が誰かを把握して、どの程度の内容が必要かをきちんと判断している例と言えよう。

■ヒアリングシートで企画書作りが変わる

これから完璧な企画書を作り上げたいなら、巻末に付属の「ヒアリングシート」をぜひ活用して欲しい。

このシートは、本来企画書を作る担当者が、他のスタッフにヒアリングをして作業を進めるためのものだ。例えば、五名のプロジェクトチームがあったとする。この中の一人が企画書を作る担当者となったケース。担当者は、自分を含む五名全員の意をくんだ企画書を作り上げなければならない。そこで役立たせるのがこのシートなのだ。また、部下が上司のための企画書を作る際にも有効だ。

ところが、実際にシートを使い始めてみると自分一人で企画を作るときにも有効であることが実感できるだろう。自分で自分にヒアリングするというわけだ。もしくは、チェックリストと考えてもいいだろう。今後、発生してくる企画の案件に、ぜひこのシートを役立てていただきたい。必ず企画書作りが変わるはずだ。

■シートを使いこなす基本

まず、このシートの項目を埋めていくことを考えよう。

もちろん、上から順に埋めていく必要はない。書ける部分から書いていけばいい。例えば、「締め切り」は企画書を作ると決めた瞬間に書けるはずだ。いつまでに企画書を作るのかわからないということは、ほぼあり得ない。

「担当者の希望と理解度」は、企画書が完成するまで埋められないケースもあるかもしれない。しかし、初めての取引先でも、「だいたい基本的な知識はあるだろう」「何も知らないはずだ」といった、大まかな事前の情報はつかめるのではないだろうか。

重要なのは、つかめるかどうかはわからないとしても、情報を集める努力を怠らないことだ。原則、すべての項目を埋められるように努力をして欲しい。

■ベテランでも必ず使いこなして欲しい

シートの本来の目的は、前記したように、チームで利用する企画書の作成だ。しかし、個人で使う場合にはチェックリストと考えよう。例えば、旅行の際に旅慣れていても、うっかりとした忘れ物を防ぐためにチェックリストを使う人が多いだろう。企画書作りも同様で、このリストによって調べ忘れや聞き忘れなどの、ついうっかりを防げるわけだ。

僕は、大きなプロジェクトや商談などの際に必ずこのシートを持参する。必要な項目を聞き漏らしたくないからだ。

「企画を提出するときには、プロジェクターが使えますか」

「何名分くらい資料を印刷すればいいでしょう」

「最終決定権はどなたにありますか」

「同時に見積書が必要ですか」

こんな質問が、漏れなくできるメリットは大きい。これをうっかり忘れてしまうと、後からメールなどで問い合わせることになり、作業が大幅に遅延する。また、聞き手側の能力についても疑われるだろう。

■シートはパソコンで管理するのがベスト

このシートを使う際には、手書きでもかまわないのだが、できればパソコンで利用して欲しい。というのは、シートの内容は日々更新される可能性が大きいからだ。「揃えるべき資料」は、どんどん追加され、揃ったものも書き込まれていくだろう。「コンペの有無とライバル」の項では、後から別の参加者が発覚することもある。

紙に手書きでは、追加修正がしづらい。だが、パソコンで管理していれば、簡単に手を入れることができる。大した文字数ではないので、ワープロに入力して利用していただいてもかまわないし、面倒なら僕のブログからダウンロードすることもできるので、うまく使って欲しい（URL：http://www.toda-j.com/weblog/）。

■シートを共有する

一緒に仕事をしているスタッフとの間では、このシートを共有する意識を持ちたい。スタッフ全員が企画を作る上での必要事項を把握し、重要な部分が不足していると良い企画書ができないと理解しておく。

すると、このシートをスタッフが協力して埋めるようになってくる。上司の書いたシートを元に部下が企画書を作ったり、営業担当が取引先の理解度を調べてくれるようになる。

つまり、シートを共有するといっても、全員が見られる環境を用意するだけでは、あまり意味がない。全員がシートを活かし切る意識を持つことが大事なのだ。もし、あなたが部下を管理する立場ならば、より重要だと考えるべきだ。ドキュメント作りが圧倒的に楽になるだけでなく、品質が一気に向上することをお約束する。

■シートをカスタマイズして仕事に合わせる

本書で紹介しているシートは、いわば汎用的なひな形だ。このまま利用してももちろんかまわないし、効果は十分にある。しかし、業種や企画内容に応じてカスタマイズして利用すればベストだ。

カスタマイズは簡単で、必要な項目を追加すればよい。すでに掲載されている項目はミニマムなので、原則的には減らすことはしないと考えたい。もちろん、「社内の企画でコンペにならないことがわかっている」といった、明確な根拠があるなら減らしてもかまわない。

追加するのは、必須の項目でかつ具体的なもの。ただし、企画書を作る前の段階でやる気を失うほどのボリュームは避けたい。増やしすぎには気をつけよう。

・損益計算書を用意して提出する
・必ず見積書とカタログを付ける
・製品サンプルの用意
・各種図面や地図を付ける

こういった項目を追加することになる。また、社内で企画書のフォームが決まっているなら、その内容に準じた項目が増えることもあるだろう。

ただし、ここで作ろうとしているのは企画書である。あくまで相手のニーズに応じていて、かつベネフィットのある企画を提示するための資料なのだ。

結果、企画が受け入れられて「ＧＯ」サインが出たなら、次に事業計画書や開発の仕様書などが作られることになる。もちろん、商談なら基本的に企画書で契約に進み、次は見積書となるケースがほとんどだろう。

ヒアリングシートに追加する項目は、あくまでも企画書向けであることを念押しして欲しい。作るべき書類を混同していると正しいゴールは見えないのだ。

◇ライバルより少し上の企画書を作るコツ

現代のビジネスでは、「ずば抜けて〜」ということはあり得ない。

よく、「とても素晴らしい製品ですね」というホメ言葉を聞くが、実は「製品」としては素晴らしいかもしれないが、「商品」としてはごく普通であるケースがほとんどだ。

何を言いたいか？

そう、素晴らしい製品はたいがい価格が高い。コストパフォーマンスまでを含めた良し悪しで考えるなら、並なのである。高級品は良い製品だとしても、良い商品とは限らないのだ。ずば抜けて安く、質や性能も高い製品はあり得ないと考えたほうがいいだろう。

企画書にも同じことが言える。たまたまライバルがダメな人ばかりであるなら事情は変わってくるが、それでは単なるラッキーでしかない。ライバルも、最低でも「並の企画書」を提出してくるはずだ。たとえライバルがいない企画提出でも、受け取る側は並の企画書を期待しているし、それを見慣れてもいる。

並の企画書を作るのは、もはや当たり前のことなのだ。

皆さんが作っている企画書は、どうだろう？　自信をお持ちだろうか？

しかし、数百枚の企画書を見てきた経験から言えば、「素晴らしい」と同僚が絶賛する企画書が、世間的に見ると実は並であるケースがほとんどなのだ。

なぜなら、どの会社にも企画書上手がいて、重要度の高い商談になると、そういった方同士の戦いになる。各社の企画書達人が力を入れて作るから大きな差はないのだ。

■そもそもライバルを気にするべきなのか

ライバルとの戦いは非常に難しい問題だ。会社の経営者ならライバルを気にせず突き進むことができる。それで商談に敗れても自分の責任だからだ。

僕も小さな会社の経営者なので、自分自身や自分の会社でできることを的確に伝え、その中に相手のベネフィットがあると確信している。ライバルのほうが良い企画、良い提案をしたなら、僕は勝つべきではないと思っている。顧客のためにならないからだ。だから、仕事を取るために提案を良く見せかけることはしたくない。逆に、相手に理解していただくために、内容をわかりやすく見せることには腐心する。

ところが、組織の中で仕事をしていると、ライバルに打ち勝たなければ立ちゆかなくなってくる。自分にできる以上のことを上っ面で見せるのには賛成しないが、微妙な差の戦いならば、何とか勝利して自社や自分の部署の仕事を増やさなければならないだろう。ときには奇策でライバルを凌駕《りょうが》する必要もある。だが、最近は、その点ばかりが先走りしすぎている嫌いがある。まず、企画書の見た目を重視するよりも基本を重視すべきである。内容と顧客へのベネフィットを明確にすることだ。

■「素晴らしい企画書」には制作時間も含む

商品は価格を含んで、トータルでの良し悪しが決まると書いた。大したことのない製品でも、価格が安ければ買う人は大勢いる。実は企画書も同様なのだ。素晴らしい企画書でも、見合った時間とコストの中で作られたものでなければ意味がないのである。

一〇〇万円の商談のために、二〇万円かけてアンケートを採ることはできない。

毎日一件の商談や会議があるなら、毎日一つの企画書を作らなければならない。もし、毎日三件の会議に出るなら、当然三通作ることになる。それぞれの企画書にかけられる時間も限られてくる。

かけられる制作時間の中で、ベストな企画書を作らなければならない。必要なデータが集まらなくても、期限が迫れば断念せざるを得ない。企画書作りは、とても楽しくやりがいがある。だからこそ、時間のかけすぎには注意したい。

はっきり言おう。締め切りの時間をすぎても、いまだに完成していない企画書は、単なる紙くずである。相手に提出できないならば、無意味だ。

これまで、数え切れない商談現場に同席したが、たまに「すみません、時間がなくて企画書が半分しかできていません」「今日のところの企画書は仮で……」という言い訳をよく耳にする。

完璧に失格だ。

相手に読んでいただく企画書がちゃんとできていないなら、出す意味はない。本当に作る時間がないならば、仕事を受けた時点で期限をもっと先に設定してもらうべきだ。それすらわからないなら、ただ、能力不足が露呈するだけの結果になるだろう。

■企画書に凝りすぎるのも問題

ライバルと比べて、格段に良い企画書を作ると、それは大抵コストに見合わなくなる。時間をかけすぎたり、情報やビジュアルに費用がかかりすぎるのだ。

当たり前のことだが、商談や会議に同席するライバルも必死の思いで企画書を作ってくる。それらを圧倒しようと思い、実際、圧倒できたとする。しかしその企画書には、ライバル以上の時間や手間がかかっているはずだ。

ライバルが六時間かけて作った企画書に七時間かける程度ならいいだろう。だが、例えば、ライバルの倍、十二時間もかけてしまうと、他の仕事に影響したり、私生活を失いかねない。

最初から大幅に良い企画書を狙ってはいけない。等身大で、できる限りの時間とコストをかけていけばいい。三日で作る企画書と一年がかりのプロジェクトの企画書は当然異なるべきだ。五〇万円の商談の企画書と一〇億円の企画書では、やはり同等のはずがない。

五〇万円の商談の企画書には、ライバルも自分もそれなりだ。その中で、ライバルよりも少し良い企画書を目指そう。すると、どこに力を入れればいいかが決まってくる。

大がかりな企画書でないなら、ビジュアルや図解などに力を入れるのは間違っている。企画書やプレゼンで差をつけるというと、必ず見栄え重視の考え方をする人が多い。だが、見栄えには非常なコストがかかるものだ。

まず、ライバルよりもちょっと良い内容を目指す。次に、読みやすいこと、見やすいことを優先的に考える。それでもまだ余裕があるなら、見栄えにこだわればよい。

具体的に言おう。

1　ライバルより詳しいデータを入れた
2　データを理解しやすいようにグラフ化した
3　グラフを見栄えの良い３Ｄの立体グラフにした
4　立派な用紙に印刷した

どこまでやるべきか？　原則的には「2」までである。もちろん、時間が有り余っていたり、大きな商談や会議なら「4」までやるべき。さらに、もっと工夫してもいい。だが、限度があるなら、無理に「3」まで進めるよりも、「2」までの過程で上を目指したほうがいい。

ライバルが入れられないデータを揃えたり、より理解しやすいように適切にまとめていく。数字がわかりづらければグラフ化するのだ。これを完璧にした上で、「3」以降のことを考えたほうが早いだろう。

ある大手証券会社の社長にインタビューした際、余談で興味深い話を聞いた。

「スタッフとの会議で、やけに凝ったプレゼンをする人がいるのですが、そんな時間があるなら他のことをやって欲しいと思いますね」

もっともである。

凝ったプレゼンが悪いわけではない。凝った企画書も必要だ。僕が言いたいのは「適材適所を心がける」ということだ（企画書は人ではないのだがあえてこう言う）。最悪なのは、見栄えにばかり凝って、内容に明確な目的がない企画書である。

図5を見て欲しい。普通のグラフ（上）でもデータの差異はよくわかる。手をかけて3Dの立体グラフ（下）にしたほうが、はるかに見栄えは良いのだが、実はデータの優劣がわかりにくいというケースもあり得る。この図の場合、名古屋のデータの比較がわかりづらくなってしまっているのだ。

図5　凝った企画書がいいとは限らない

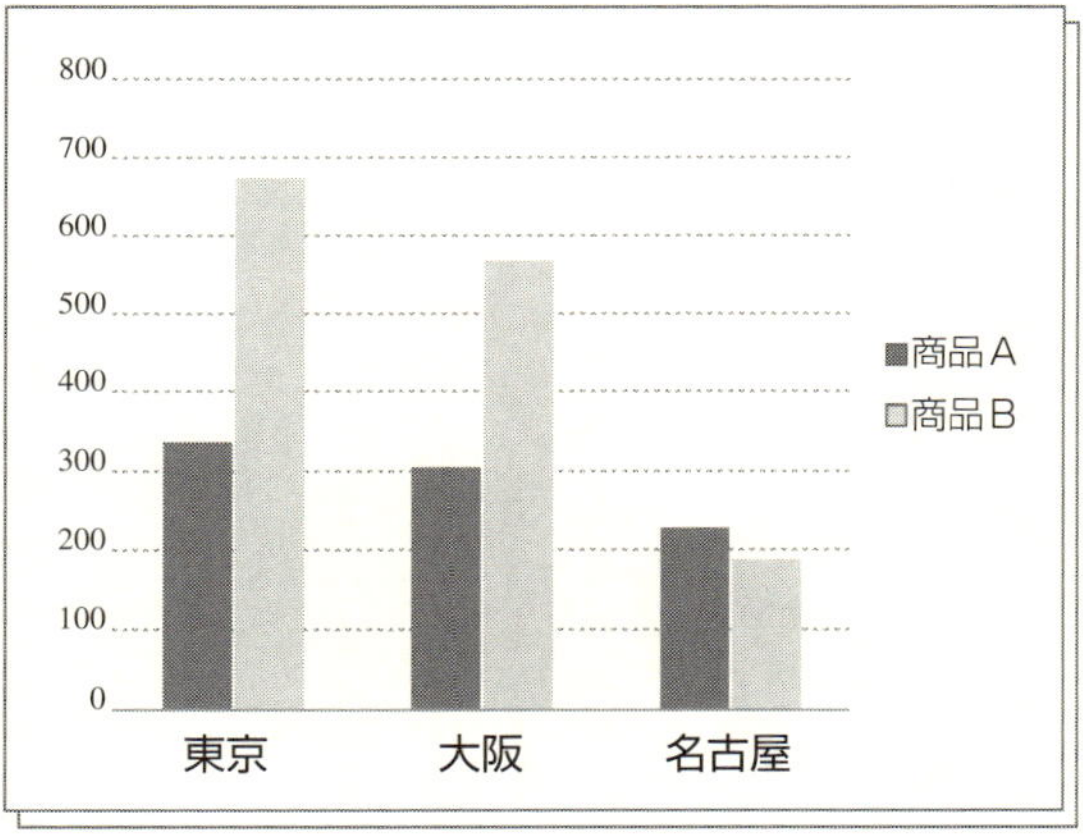

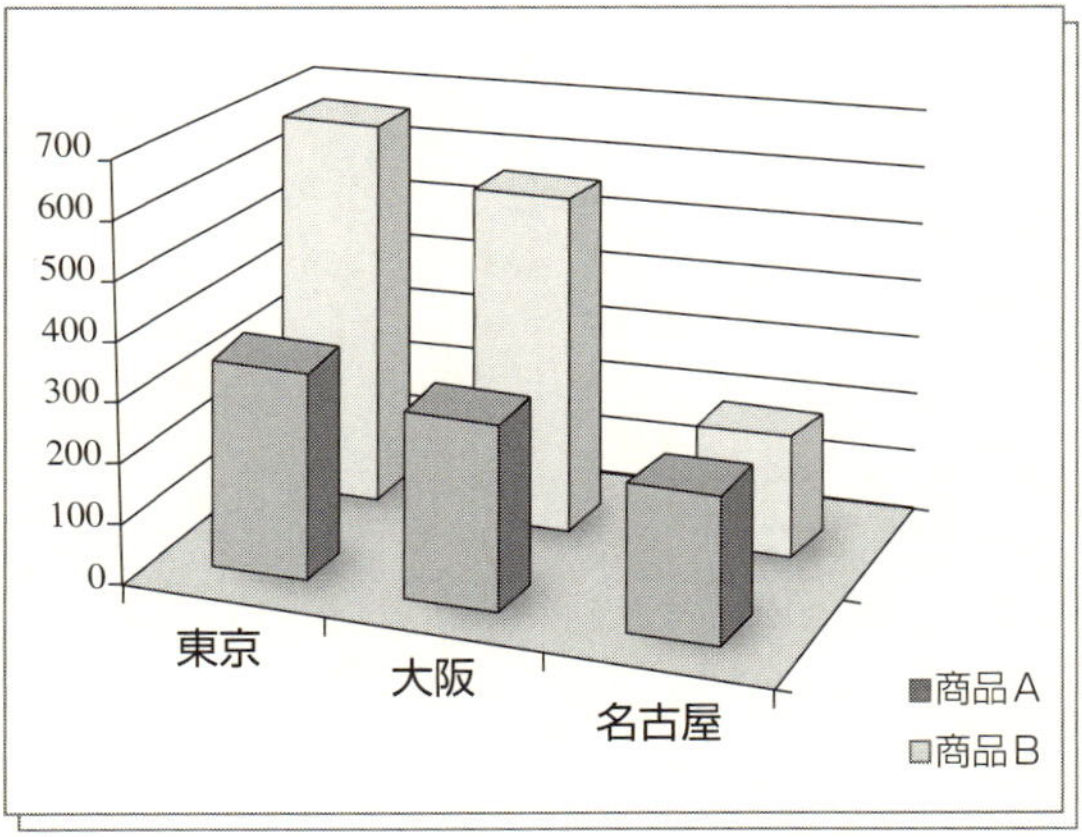

◇必ず読まれる企画書のポイントとは

詳しくは第3章で説明するが、まず大事なのは、相手が企画書を読む気があるのかないのか、だ。もしくは、読む気が薄いこともある。

読む気が薄い相手なら、大事なのは冒頭である。タイトルと言ってもいいだろう。五ページだろうが、一〇ページだろうが、まず最初に表紙や前書きに目をやった時点で、「読まなければならない」と思わせられるかどうかが勝負だ。

それには、明確な目的とベネフィットを冒頭で謳《うた》うことだ。それがタイトルに表れているなら最高だ。

こちらの意識とは関係なく、相手は「仕方ないから企画書を読んでやるか」と考えているケースが多い。だが、それでもいいのだ。企画書やプレゼンには、一発逆転の余地がいくらでもある。口頭での説得ではなかなか縦に振られない首も、明確な裏付けを持ったベネフィットを提示すれば、「YES」となるだろう。

冒頭から、グイグイ引き込んでいく企画書を作ろうではないか。そう考えながら作業をすれば、とても楽しい。さらに、提出した企画書を見た相手が「ほう」と感心したならば、至福の瞬間である。まだ未体験なら、ぜひとも本書を読んでチャレンジして欲しい！

■目的がはっきりしていること

読む気になる企画書、読みたくなる企画書は、目的が明確でなければならない。さらに、その目的に沿った内容で構成され、気配りの上で作られている必要がある。繰り返すが、目的は必ず相手のベネフィットと直結させる。

次の四つの文言は、あるコピー機の企画書タイトルだ。

1　省エネ対応新製品のご案内
2　御社の経費を削減する新製品のご案内
3　御社の経費を三割削減する新製品！
4　新製品で御社の利益を三％向上

このコピー機はランニングコストが非常に低いことが特徴である。

では、この四つのタイトルをそれぞれ分析してみよう。

「1」は単にそれを言っただけ。相手のベネフィットがなく、こちらの言いたいことを並べているだけ——失格だ。

「2」は、相手のベネフィットがある。最低ラインはクリアしている。

「3」になると、多くの相手が読みたくなるだろう。本書で繰り返し説いてきた、ベネフィットの裏付けが、少しだけタイトルに含まれているからだ。

「4」は、少々やりすぎ。経費を下げるから、原価が下がり利益が上がるという三段論法である。読む気にはなるかもしれないが、ちょっとオーバーである。

もちろん、我々は「3」を目指すべし。

■企画書は短いほど読まれる可能性が高い

再び、『これがトップ営業マンの売り方だ!』から、興味深い事例を紹介しよう。

伊藤ハムの中村健一氏は、全国でも指折りの成績を上げているトップ営業マンだ。

彼も駆け出しの頃は、持参した企画書を「見づらい、見る気がしない」と突き返された経験が何度もあるという。そんな経験を重ねて、現在では、顧客が喜び「中村さんでなければ」という商談ができるまでになった。なにしろ、土曜日に取引先と一緒になって企画書を作るほどだ。

彼が気をつけていることは、「とにかく興味を持っていただけるレイアウトやタイトルが重要ですから、一枚のシートで伝えたいことをハッキリさせます」というひと言に尽きる。そんな中村氏は後輩の企画書について次のように話してくれた。

「書いてある内容は私とほとんど変わりませんが、書き方の順番が間違っていることが多いですね。伊藤ハムが目指していることを最初に持ってくるのが大事なんです。それに続けて『この商品で、こんな売り方をしましょう』と肉付けするようにアドバイスします」

これは、彼の部下だけではなく、企画書が下手なすべての人に対するアドバイスとなろう。中村氏は、忙しい顧客が読んでくれるように企画書を一枚に短くまとめているのだ。

■だが、単に短いだけの企画書は無意味

ずいぶん前から、「企画書は一枚で」といった書籍が静かなブームになっている。企画書は短いほど読んでもらえる可能性が高いのは、前項で書いた通り。実際、僕は一枚の企画書がスムーズに受け入れられていく現場にも多く立ち会った。

だが、なんでも一枚に短くまとめようとするのは間違っている。逆に言えば、一枚の企画書ですむようなケースは非常にまれなはずだ。中村氏のような、ルートセールス的な営業ならいいだろう。ベースとなる説明はすべてすんでいて、次期の新製品やキャンペーンについて伝えていくような商談や会議なら問題ない。

しかし、まったく新しい商品や事業の企画を提示する場合、一枚では絶対に力不足だ。

企画書を短くまとめるブームには、「そんなに短くてすむなら、作るのが楽だ」という、手抜きの意識が見え隠れしている気がするのだが、考えすぎだろうか？

企画書の枚数を最初から決めてかかるなど言語道断だ。企画書で大切なのは「伝えたい内容をきちんと伝えられる」こと。その上で、相手が読みやすいように工夫をしてコンパクトにまとめていくのだ。何枚になるかは、結果である。

伝えやすいようにまとめたら一枚になったという結論は大歓迎だ。だが、何が何でもA4用紙一枚に納めよう──こんな考えは、直ちに方向転換したほうがいい。

もし、「企画書自体は一枚にまとめて、後は口頭で説明します」と考えているなら、それは企画書ではない。プレゼンである。プレゼンのテクニックと技術を盛り込んで効果的なスライドを作ればいい。ただし、一枚のスライドで終わることはあり得ないが。

■無駄な図解はゴミ

図解は必要だからするのである。

何となく企画書が寂しいから、ビジュアルが足りない気がするから図解やグラフを入れるというのは大きな間違いだ。

もちろん、ある程度ビジュアルがあったほうが企画書は華やかになる。だが、華やかさだけを狙いたいなら、意味のある図解を入れるのは厳禁だ。相手は図を見て考えてしまうからだ。

企画書を見た上司が「ビジュアルが少ない」と言って譲らないなら、意味の少ない商品写真や会社のマーク、本社のビルの写真でも入れておけばいいだろう。

繰り返すが、図解は必要だから入れるのである。

構成を作る段階で、どこにどんな図解を入れるか大まかに考えておくのが大原則だ。無理矢理図解化するのではなく、図解化の必要性をよく考えたい。

数字一つにしても、数字そのものを書くのか、表にするか、グラフなのか……、いろいろな表現方法がある。

図6　ただ、文字だけの企画書

福島工場の熟練工が製造した弊社の製品は、栃木流通センターで行き先ごとに仕分けされます。ここで不良品のチェックを徹底した後に、東京の各販売店へと送られていきます。完成から販売までは1日です。

すべて文字で内容を伝えようとしている。文字数が多すぎて、パッと見て読む気になりづらい。また、読んでも理解しにくい。

図7　箇条書きで表現された企画書

商品の流通経路

■ 福島工場で熟練工によって製造

■ 栃木流通センターでチェック

■ 東京の販売店で24時間後に販売

文字を箇条書きにした。文字数が減って読みやすくなったが、この文章だけを見たのでは、何を言いたいのかわかりづらい。

図８　図解を活用した企画書

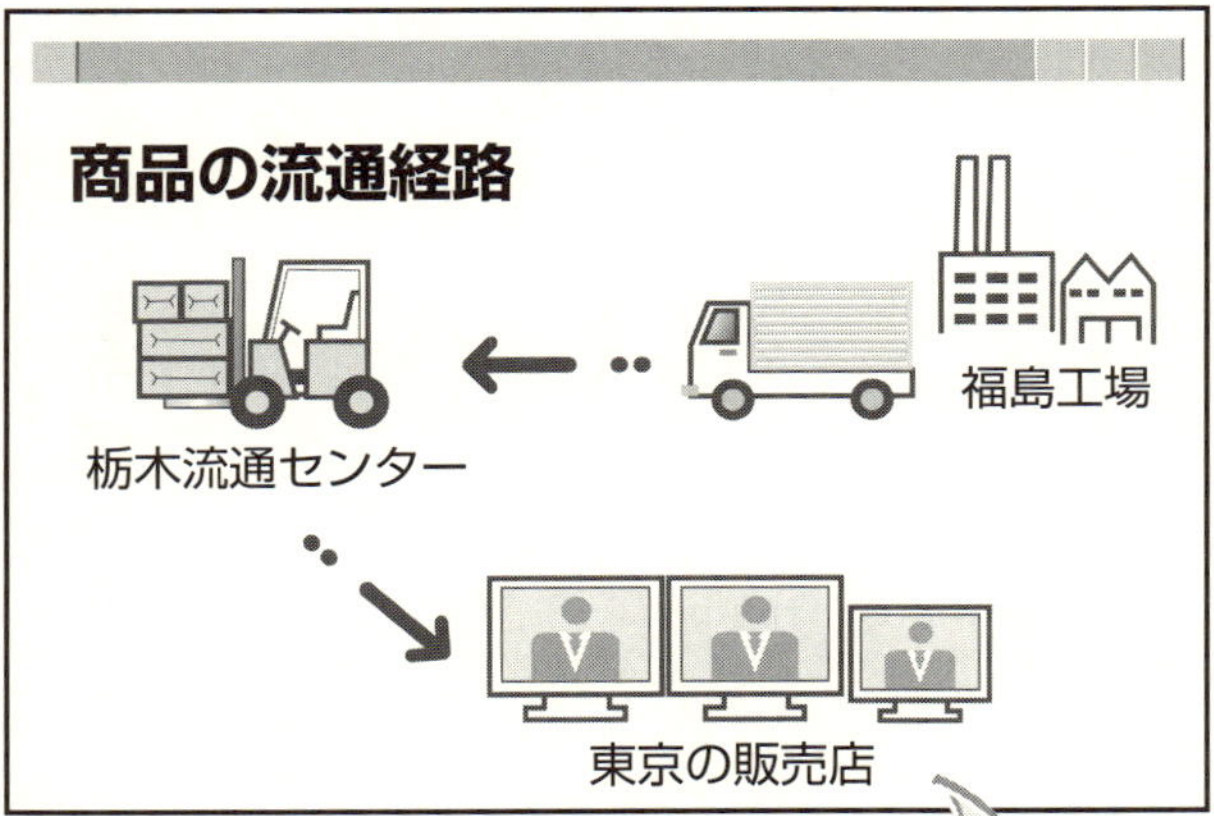

輸送の経路を図解にした。ちょっとした解説を加えれば最もわかりやすい。

例えば、グラフを入れるなら、「グラフでなければならない」ではなく、「グラフもよい」という場面でしか使わない。

文字で書いたほうがわかりやすい情報を、無理矢理図解にする意味はない。

そんな図解はゴミだ。

同じ文章や図解でも、説明の有無や相手の理解度でわかりやすさが変わってくる。

ターゲットをよく見極めて、どの方法で説明するのがベストなのか、よく考えていきたい。

◇情報を集めるテクニック

企画書を作るのが上手な人は、適切な情報をきちんと盛り込んでくる。では、企画書の下手な人と上手な人との差はどこで生まれるのだろうか？

企画書上手な人は、情報を探すためにかけられる時間に限りがあることをよく知っている。企画書を作るための時間が、合計三時間あるとしよう。その中で情報探しにどれだけ時間をかけるかが重要だ。

冷静に考えると気がつくはずだ。情報を集めるのに特別なテクニックは必要ない。だが、企画書を作ろうと思い立ってから情報を探していたのでは絶対に間に合わないということを。

■情報には常にアンテナを張っておく

企画書に盛り込む情報に困っている、もしくは困った経験があるなら、日々の仕事から変えていくことだ。自分の扱っている商品や製品、サービスはだいたいジャンルが決まっているだろう。自分が求めるべき情報や必要な情報も、実はよく目にしているのだ。新聞を読んだり、インターネットを見たり、業界の専門誌で発見したり、人づてに聞くこともある。そんな情報に触れた瞬間からストックしておくのである。

こうすることで、いざ企画書を作ろうと思い立ったときに、「あのネタが使える」と、手持ちの情報が思い浮かぶだろう。

また、普段情報に触れて興味を持ったなら、その時点で調べておかなければならない。例えば、「新しいアイスクリームの店が流行っている」という情報に興味を持ったとする。新聞で読んだのなら、スクラップするかスキャナーで取り込んで記録しておけばいい。ただし、そこで終わってはＮＧ。早速その店のＷｅｂサイトを確認して、さらに必要な情報を探る。経営の母体となっている企業がどこか？　どうしてヒットしているのか？　価格帯は？　メニューの構成は……、いくらでも調べたいことはあるだろう。

この作業を気づいた時点で処理しておくのだ。すると、さらに必要な情報を集めることもできる。繰り返すが、企画書を作ろうと思ってから探したのでは間に合わないケースがほとんどなのだ。

■インターネットの検索からスタート

さて、何らかのデータを探すなら、まず最初にネットで検索をする。これが普通だし、僕もそうしている。企画書が上手な人に話を聞くと、誰もがそうしている。

だが、ここから差が生まれる。

インターネットで検索できる情報は、原則として誰にでも同じものが見つかると考えたほうがいいのだ。

「情報は見つけやすいものほど価値が低い」

この定理を覚えておいて欲しい。例えば業界新聞に出ている情報を、同業界や社内の企画書に掲載するのはいい。だが、誰もが周知の情報だと思ったほうがいい。

なぜ、周知の情報は価値が低いかといえば、ライバルも同じ情報を使う可能性があるからだ。もしくは、同じ情報をふまえた上で、使わずに別のもっと素晴らしい情報を出してくるかもしれない。取引先も、周知の情報だけで構成された企画書では、その内容に新鮮さを感じることはできないだろう。

周知の情報を企画書に使ってはいけないということではない。周知の情報を企画書の目玉にしてはいけないのだ。

あなたの企画書には取引先の明確なベネフィットがあり、その裏付けとして、よく知られている情報がいくつか入っているのはいい。ところが、ほとんどが知り尽くされた情報だと「こんなことは知っているよ」と言われて終わりである。

インターネットで検索するのは、まったくかまわない。しかし、そこでどれだけ素晴らしい情報を見つけたとしても、それが主役にはならないことを知っておいて欲しい。

もちろん、例えば「ネット上で見つけたレストランの目玉メニューを一〇〇件分分析して、その傾向を探る……」、こんな使い方なら十分に価値はある。

■相手のために足で稼いだ情報は負けない

どうしても勝ちたい企画書なら、僕は情報集めで手抜きをしない。企画書の目的は相手のベネフィットである。それを裏付けるための情報には何が必要だろう？

情報は、入手難易度さえ気にしなければ、どんなものが必要なのか、すぐに判断できるはずだ。例えば、次のような企画書があったとしよう。

・目的→顧客の利益を上げる
・目標→新商品を仕入れていただく

普通なら、新しく発売される商品の良さを並べて企画書を構成するだろう。前の商品に比べて、どこが良くなって、どのようにお買い得になったか……。

しかしこれでは、説得力に欠けないか？　そう、ユーザーの視点が欠けているのだ。製品の良さはわかるが、売れるという確証がない。もしくは、まったくの新商品ならどうだろう？　既存商品との比較がしづらいので、機能を並べても説得力に欠ける。

そこで、どのような情報が必要かと言われれば、当然アンケートである。ユーザーに「欲しいか」「いくらなら買いたいか」と尋ねるのだ。

こんな話をすると、いつも「予算がなくてできない」と言われる。だが、本当だろうか？　僕の作る企画書の多くに、オリジナルのアンケートが入っている。予算がかけられないなら、自分でアンケートを採ればいいのだ。もちろん、母数が五〇〇件は必要かもしれない。しかし、予算と時間とを考えて、自分でアンケートを採ると二〇件しか回答が得られないこともあるだろう。それでも、あったほうが絶対にいい。

例えば、一〇名のアンケートなら、近所の人や友人に頼んでもデータを収集できるはずだ。その結果、自分の思い通りの結果が出ると、とてもうれしく、やりがいを感じる。企画書にも、オリジナルのデータを入れられるとうれしいものだ。さらに、自分でアンケートを採るからこそ、「使いやすいところが気に入った」（○×さん）など、ユーザーの声を入れられるのもリアリティがある。

予算や時間がないからと、あきらめてはいけない。汗をかいてアンケートを採れば、結果として企画は非常に受け入れられやすくなる。また、ほとんどのお客様に、努力が伝わるはずだ。

僕はいつも実感している。

ビジネスの世界は結果がすべてだ。これは間違いのない事実である。しかし、本当に努力を重ねたなら、必ず顧客や上司はわかってくれる。あなたとライバルの差が微妙なときには、必ずあなたを選んでくれる。

繰り返し書いているように、ライバルとの差などほとんどないのが現代ビジネスの特徴だ。努力や工夫をした企画書は必ず報われる。だから面白いのだ。

企画書は努力で勝てる！

■統計情報は枠を広げれば良い情報が必ず手に入る

企画書に統計情報を入れる必要があったとしよう。意味のない情報を入れるのは、あまりお勧めできないが、どうしても裏付けの情報が足りないなら、一つ良い方法をご紹介しよう。

「実は政府の統計を子細に見ている人はあまりいない」ということだ。

例えば、ある製品が六十五歳以上の高齢者向けだとしよう。高齢化社会の進んだ最近では、よく企画されるパターンだ。で、何も考えていないとターゲットユーザーの男女の比率は一対一と普通に書いてしまう。

ところが、ここで総務省統計局の国勢調査の結果をチェックすると驚く。総人口に対する高齢者の割合をチェックすると、男性一七・九パーセントに対して女性は二三・二パーセントなのだ（平成十八年四月一日現在）。

人数で言えば、次のようになる。

〈六十五歳以上の人口〉

男性　一一、〇〇三千人

女性　一四、九六五千人

つまり、販売の可能性として高齢者の男女比だけを見ると、約一対一・五なのだ。これって、ご存じだろうか？　聞けば確かに平均寿命が違うので当たり前のことと感じるが、まったく知らない人が多い。

さらに、具体的な人数を知っている人はまれである。こういう情報が企画書にあるだけで、「きちんと調べているな」という印象が伝わる。政府の統計や白書は、原則無料で利用できる。いわば宝の山なのに、ちゃんと見ている人が意外に少ないのだ。

このように、白書などにも役立つネタが山のように含まれている。時間のあるときに、自分の業界・業種に関係のありそうなネタを探してみるといいだろう。

◇辛いなら企画書はゲームと考えよう

企画書を作るのが苦手な人も多い。

本書では企画書作りは楽しいと断言する。

何より、クリエイティブな作業なのだから楽しくないはずがない。これが、まず一点。もう一つは、自分の主張を論理立てて裏付けていく作業が楽しいのだ。うまく裏付けが見つかると、ご褒美に顧客がうなずいてくれたり会議で主張が通る。

もちろん、企画書を作る段階で、裏付けを取っていくと自分の考えが間違っていることに気づかされるケースも、まま出てくる。しかし、これはしめたものだと考えよう。間違った主張をして、あなたの評価を下げることを防ぐことができたからだ。

それでも、企画書作りが面倒で楽しく思えない人。文章や書類が嫌いな人は、どうすればいいだろう?

■これからはドキュメントの時代だと知る

ビジネスパースンが扱う書類の量が圧倒的に増えている。正確に言えば、文字の量が圧倒的に増えているのだ。インターネットの普及で、メールのやりとりが増え、パソコンソフトが使いやすくなって隅々にまで浸透した結果、手書きの書類はほぼ絶滅した。文字の量も加速度的に増えている。

これからは、下手な交渉力よりもドキュメント作成力が威力を発揮する。電話がけが上手な人より、メールに長けている人が勝つ時代である。

これは、間違いのないことだ。つまり、「文章が苦手」「企画書が嫌い」では置いていかれるという強迫観念をまずは持っていただきたい。自分を追い込み、叱咤激励して企画書上手になろう。今なら、ライバルに勝てる！　努力する価値は十分にあるのだ。

■企画書が苦手ならゲームだと考えよう

口先でしゃべったアイディアや企画は、まず、正しく評価されることはない。「素晴らしいアイディアですね」で終わってしまう。もしあなたが、若手だったりキャリアが少なければ、「聞いたフリ」をされて終わってしまうこともしばしばだろう。正しい評価どころか、検討すらされないのが実情だ。

だが、企画書にすれば、あなたの考えが検討される可能性は高まり、評価も適正になされる可能性が一気に高くなる。正しく検討された上で「NO」が出たならば、それはそれで仕方ない。実力不足を認識して、さらに努力しよう。

企画書作りは、ゲームだと考えると楽しい。相手にとってどのようなメリットがあるのかを考え、内容がきちんと理解されるように表現する。もちろん、そこに裏付けを入れる。一度では答えが出ないこともあるだろう。その場合には、繰り返し企画書を出していけばいい。

シミュレーションゲームを楽しんでいると考えれば、辛い企画書作りも楽しめるはずだ。万が一、企画が正しく評価されなくても落ち込む必要はない。一番ダメなのは、企画を出さない人間だ。その次は、わかりづらい企画書を出す人だ。たとえ通過しなくても、正しい企画書を出している人には、必ず次の機会がやってくる。まだ、ゲームは続いているのだ。

わかりやすく、ベネフィットのある企画を毎回出せるなら、企画が通らなかったとしても、あなたの評価が下がることは決してないのだ。

第3章

納得まで
最短距離の「構成」が
今日から作れる!

◇企画書構成の黄金則

これまでも繰り返し書いてきたように、企画書で最も大切なのは「ベネフィットのある内容」である。この点については、すでに納得いただけたことだろう。

では、その次に大切なのは何だろうか。

自信のある内容の企画書でも、相手に伝わらなければ意味がない。また、理解しづらかったり、読む気にならずに途中で投げ出されてしまっても企画書を作った意味がない。

内容の次には「構成」が大事なのだ。

構成次第で企画書は高く評価されたり、あるいは、死んでしまうこともある。同じ内容の企画書で、同じ情報が盛り込まれていたとしても、構成次第では伝わり方が大きく変わるのだ。本章では構成の作り方について見ていく。

■構成作りを楽しもう

構成を考えるのも非常に楽しい。

準備したデータや裏付け、相手のベネフィットを元に構成を考えていく。ここまでの作業はかなり苦しいこともあるだろう。あるのかないのかわからない情報を必死になって探したり、街頭に立ってアンケートを採る必要すら出てくるかもしれない。

さあ、すべての準備が整ったら、いよいよ構成を考える。構成は企画書作りの「戦略」にあたると考えればいいだろう。細かな情報それぞれではなく、手持ちの情報全体を見渡して、効果的に使う方法を決めていくのだ。企画書作りの、いわば勝負所でもある。

もちろん、思った通りの情報が得られずに、妥協せざるを得ないケースもある。五〇〇名にアンケートを採りたくても、予算の関係で五〇名になるかもしれない。マーケティングデータを入れたくても、時間内に見つからずにあきらめることもあろう。

だが、構成作りに取りかかったら、手元にある情報や内容をどう組み合わせるか、それが知恵の使い所なのだ。いわば演出ともいえる、とても楽しい作業である。

■構成前の準備――メモを作る

構成を作る前に、まず手持ちの情報を整理しておこう。

当然、企画書のボリュームによって情報の量も変わってくる。A4用紙数枚の企画書な

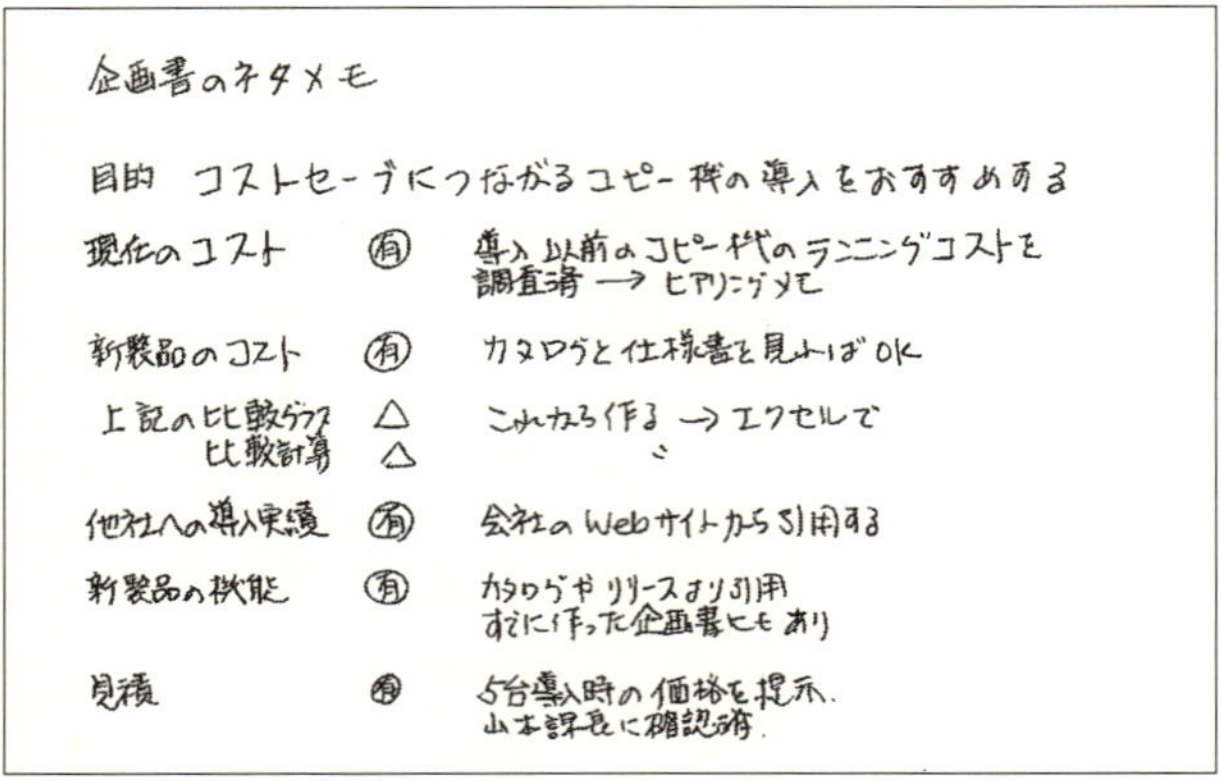

企画書のネタメモ

目的	コストセーブにつながるコピー機の導入をおすすめする	
現在のコスト	有	導入以前のコピー代のランニングコストを調査済 → ヒアリングメモ
新製品のコスト	有	カタログと仕様書を見ればOK
上記の比較グラフ	△	これから作る → エクセルで
比較計算	△	〃
他社への導入実績	有	会社のWebサイトから引用する
新製品の機能	有	カタログやリリースより引用 すでに作った企画書にもあり
見積	有	5台導入時の価格を提示。山本課長に確認済。

手持ちの情報や資料を整理したメモを作ってから、全体の構成を考える。

ら、簡単なメモでもこと足りる。

しかし、数十ページに及ぶような長大な企画書の場合、まず、手持ちの情報の整理から始めなければならない。どんな情報を持っているかで構成の作り方が変わってくる。

まず、情報や資料を整理したメモを作ろう。ちょっとした企画書なら、適当な用紙に手書きでかまわない。どんな情報を持っているか、メモで明確にしておくのだ（上の図）。

■キラーインフォメーションを探す

手持ちの情報や資料のメモが完成したら、いよいよ構成作りのキモを決めよう。情報の中から、最も価値があり、インパクトのあるものを選び出すのだ。

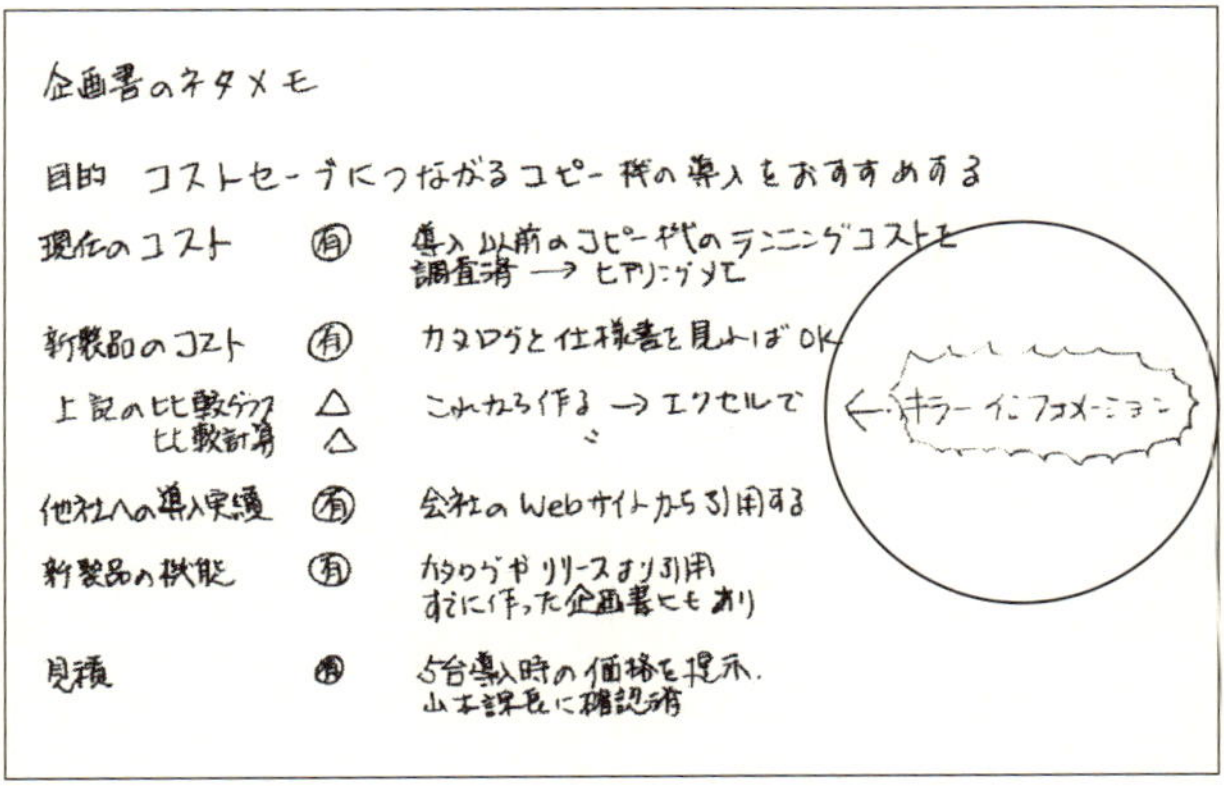
企画書のネタメモ
目的　コストセーブにつながるコピー機の導入をおすすめする
現在のコスト　㊒　導入以前のコピー機のランニングコストを調査済 → ヒアリングメモ
新製品のコスト　㊒　カタログと仕様書を見ればOK
上記の比較グラフ　△　これから作る → エクセルで
比較計算　△
他社への導入実績　㊒　会社のWebサイトから引用する
新製品の機能　㊒　カタログやリリースより引用　すでに作った企画書にもあり
見積　㊒　5台導入時の価格を提示．山本課長に確認済
キラーインフォメーション

情報を整理したメモのキラーインフォメーションを明確にしておく。

これを、本書では「キラーインフォメーション」と呼ぶ。この、キラーインフォメーションこそが企画書の命であり、いわば結論だ。

キラーインフォメーションは、企画書に必ず一つは含まれていなければならない。

もちろん内容は企画ごとに変わってくる。新製品の機能、特別値引きの価格、新事業の詳細……。ただし、確実に言えるのは、キラーインフォメーションは相手のベネフィットにつながっていなければならないということだ。

作ったメモの中から、どれがキラーインフォメーションになるのか、それをしっかり決めておくことだ（上の図・マル囲み）。

キラーインフォメーションは、受け取った相手が驚くほどインパクトのあるものがベストだ。「えっ！　本当ですか」と、言わせることができればしめたもの。企画が通る可能性も高い。

ところが、企画書を作るたびに、そんなに素晴らしい情報が集まるはずもない。現実的には、「へえ、そうなんだ」程度の印象度しかないことが多い。嘘をつくのは厳禁、事実を記載するのが企画書なので、インパクトが少なくても無理をする必要はない。

さあ、ここからが、腕の見せ所であり、工夫が楽しい部分だ。そもそも、そんな大インパクトのベネフィットが用意できるなら、簡単なパンフレット一枚で商談がまとまり、メモで会議を通るだろう。企画書の出番はあまりない。

実は、インパクトの弱いベネフィットでも、相手にきちんと理解してもらい、比較検討の対象にしてもらうことで、企画書が通る可能性は十分にある。この時点で、あまりにも陳腐な情報しかないなら、元に戻ってやり直しだ。ベネフィットにつながる情報を盛り込むか、企画書の提示自体を延期するなど、次善の策を検討する。

■構成の基本は二つ

構成作りには、大きく分けて二つの考え方しかない。これを理解しておくと、迷わずに企画書の骨組みが作れるようになる。

【説明型】

「こんな理由がありますから、こんなベネフィットを提示できます」

・説明を重ねていき、結論としてキラーインフォメーションを見せる。つまり、相手を説得するのだ。

【インパクト型】

「あなたにとってのベネフィットはこれです。その理由はこのようなものです」

・まず、相手がうなずいてしまうキラーインフォメーションを見せる。「あっ」と思わせた後で、その裏付けの説明をしていく。

繰り返しになるが、基本的に、どんなに長い企画書でも構成の作り方は「説明型」か「インパクト型」の二タイプしかない。迷うよりも、このどちらにするかを考えていこう。その先の応用は企画書作りに慣れてからでも十分に間に合う。

■構成のタイプを使い分ける

では、二つの構成をどう使い分けたらいいのか。

これは、手持ちの情報やキラーインフォメーションの内容だけではなく、相手の理解度がどうかによって変わってくる。

二つの構成の使い分けの基準を、「キラーインフォメーションのインパクト」「相手の関心」「内容の難しさ」「裏付け情報」の四ポイントで説明しよう。

【説明型】

「キラーインフォメーションのインパクト」＝〈低い〉

◆ひと目見ただけではあまりインパクトがない場合には、冒頭にキラーインフォメーションを提示するべきではない。

「相手の関心」＝〈高い〉

◆相手が企画書を求めていたり、商品を買いたがっているケースでは、最後までじっくり読んでくれることが予想される。

「内容の難しさ」＝〈難しい〉

◆内容が難しいほど、じっくりと説明を読んでもらってから、キラーインフォメーションに到達したい。

「裏付け情報」＝〈明確で詳細〉

◆読み進めるごとに、同意を得るような、積み上げるような裏付けがベストだ。

【インパクト型】

「キラーインフォメーションのインパクト」＝〈高い〉

◆タイトルを見ただけで「へえ！」と思わせるインパクトがあるなら、これによって相手は、企画書を読み進めようという気になる。

「相手の関心」＝〈低い〉

◆相手があまり関心を持っていない場合には、最初に相手を引きつけなければならない。そこで、冒頭にベネフィットのあるキラーインフォメーションを持ってくるのだ。

「内容の難しさ」＝〈簡単〉

◆基本的にインパクト型の企画書は縮小型となる。短く完結させていくので、内容も長大にならないことが大事だ。最初にインパクトのある内容を見せても、その説明を理解するために長い時間と説得が必要では本末転倒だ。

「裏付け情報」＝〈明確で理解しやすい〉

◆少ない説明でもすぐにわかる裏付けが望ましい。

■構成のタイプが使い分けられない

二つの構成のタイプと、それぞれに向いている状況を四つのポイントで分類したが、実際には、ここにうまく当てはまるとは限らない。もちろん、裏付け情報が明確でなかったり、欠けているようなケースは言語道断だ。しかし、相手の関心が低いにもかかわらず、裏付け情報が不明確で理解しづらいケースもあるだろう。

とにかく迷ったなら、キラーインフォメーションのインパクトで決めていこう。インパクトが低いなら、必ず説明型を採用する。逆にインパクトが高いなら、どちらでもかまわない。

良くないのは、「インパクトがないキラーインフォメーション」をインパクト型に構成すること。そして、さらに悪いのは、インパクト型に構成したいばかりに、インパクトのない情報に無理矢理インパクトを持たせることだ。

インパクトは、内容そのもので決まる。見せかけの表現や言葉で無理なインパクトをプラスしてはいけない。このあたりのさじ加減は第4章で詳しく説明するので、今はこのまま読み進めていただきたい。

◇できる人の構成を参考に！

最初は、企画書が上手な人の構成を参考に構成を考えていこう。慣れてきたなら、そこに自分なりの工夫を加えればいい。

気をつけなければいけないのは、構成と長さは無関係ということだ。ページ数の多い企画書を見ても、慣れていないと構成がどう作られているのか判断するのは難しいだろう。まずは、短めの企画書を参考にするのがベストだ。

A4用紙一枚の企画書でも、上手に構成されているものはたくさんある。

僕は、多くの企画書やプレゼンのスライドを見てきた。ありがたいことに、コピーを頂戴して手元に置いてある資料も数多い。構成作りに関しては、企画書もプレゼンのスライドも同様に参考にできる。

ここでは、上手に構成を作っている人のポイントをまとめておこう。

■キラーインフォメーションを明記する

これは当たり前のことだが、必ずキラーインフォメーションを明記することだ。

例を一つ紹介しよう。

『あのヒット商品のナマ企画書が見たい！』で取材したバンダイミュージアムの場合、目次の段階で「ミッション」という形でベネフィットを明示している。本文に比べると、目次は今ひとつ目立たないが、最初に見る部分に位置しているのが大切だ。

このミッションは、単なる文字の羅列である。ビジュアルに富んだ他のページに目がいきがちだが、これらはあくまでも目的を達成するための説明や裏付けである。冒頭で明確にミッションを列記しているところが実はスゴイのだ。

■キラーインフォメーションより裏付けを大切にする

できる人は、キラーインフォメーションを明記するが、それはあくまでも目的や予想する結果の提示である。

「この事業計画で利益が一億円上がります」「この商品を仕入れてもらえば、御社は五〇〇万円の利益が上がります」と、一行書けば終わってしまう。要するに、キラーインフォメーションそのものは、一行で終わるべきものなのだ。

大事にするのは、キラーインフォメーションを裏付けるデータや根拠である。そのためには努力とページ数を惜しまない。

こちらも、『あのヒット商品のナマ企画書が見たい！』から例を紹介する。ナムコの池澤氏は、「池袋餃子スタジアム」を企画するために、二〇〇一年頃、どのくらい餃子に興味が持たれているかを、テレビ番組をチェックすることで検証していった。様々な情報番組で餃子が取り上げられた様子を子細に分析し、餃子のどんなポイントに注目が集まっているのかをひもといていったのだ。

パソコンでテレビ録画が簡単にできる今となっては、誰もがやろうと思えばできることだ。努力を惜しまずに裏付けていく。その作業が素晴らしい構成を生むのである。

■付帯資料を明確に分ける

ストーリーをコンパクトにまとめるためには、参考資料を無理矢理構成に入れないのがポイントだ。

例えば、キラーインフォメーションに直接はつながらないが、別の角度から企画のメリットを裏付ける資料があるなら、付帯資料として付録的に付けていく。最悪の場合は、見てもらえなくてもいいと割り切って、あくまでも中心となる構成をスッキリと作り上げることに腐心したい。

■事例は中心にはなり得ない

他の取引先に商品を導入して成功した事例や、多くのユーザーにすでに評価をもらっているといった情報は、キラーインフォメーションにはなり得ない。

これはあくまでも、自分や自社の実績を示す情報であり、いわば補足だ。事例は、参考情報としては魅力的であり、相手の立場に立ったコンテンツと言える。しかし、事例そのものは企画書の中心にはならないのだ。

どうしても事例をキラーインフォメーションとしたいなら、その事例が、「今回の企画にも同様に成立する根拠」を明示しなければならない。「うちの会社には関係ないね」と思われたら終わりだ。相手にとって、事例と同じような結果が得られるという証《あかし》が必要なのだ。

■抽象的な見出し等を使わない

「数段便利になります」
「高い人気になることは間違いありません」
「必ずお役に立ちます」

これらの見出しはすべて失格だ。商品を売るためのチラシなら、これでもいいだろう。しかし、きちんとした裏付けのある企画書なら、こんな抽象的な見出しを作る必要はない。明確な情報を見出しレベルから書けるはず。

次のような見出しを目指したい。
「作業効率が三〇％向上します」

「対前年比五％増をお約束します（アンケートより）」
「売上一〇億円を達成するプロジェクトです」

具体性のある見出しやタイトルを立ててこそ、企画書のメリットと言える。

だが、簡単には書けないし、書いたところで、その通りの結果にならなければ、書いたあなたの能力が疑われてしまう。ビジネスとはそういうものだ。

例えば、今度売り出した商品について、社をあげて販促に努めることになったとしよう。もちろん、社員の一人であるあなたも販促しなければならない。ノルマも課せられているかもしれない。しかし、その商品が取引先の目標以下のものならば、それをきちんと伝えなければならない。あなたの売りたい気持ちと、顧客のメリットには何の関係もない。

企画書で取引先に提示するべき情報は、見出しやタイトルで小細工できるほど安っぽいものであってはならないのだ。

■長い企画書では階層をハッキリ

五ページを超えるような企画書を読みやすく作るのは難しい。全体の構成を考えて、何を言うべきかを明確にしなければならないからだ。

企画書作りに慣れていないなら、三ページ程度に抑えたほうが無難だ。しかし、それでは言いたいことがすべて伝わらないのなら、無理に縮めるのも得策ではない。

そこで重要になってくるのが、階層だ。つまり、タイトルがあり、見出しがあってその下に小見出し――という、書籍のような構造である。

これを、慣れていない人が理解して作るには相当な時間がかかるだろう。

お勧めは、階層を三つ以上にしないことだ。

まず、企画書のタイトルがある。その下に次のような見出しを作る。ちなみに、一文字ずつ頭下げになっているのが下の階層という意味だ。

タイトル
　1　企画趣旨（キラーインフォメーション）
　2　根拠
　3　製品情報
　4　ユーザー事例

5　価格等

6　付帯資料（価格表）及び諸元表

この例を、次のような三〜四階層にすると、とたんに構成が難解になり、読んでいて辛い。もちろん、意味的には次のような構成のほうが正しいのだ。しかし、書いている側も読んでいる側も理解しづらいだけなのでやめておこう。

タイトル

　1　企画趣旨

　　1-1　根拠

　2　製品情報

　　2-1　ユーザー事例

　　2-2　カタログ

　　2-3　価格等

　　　2-3-1　付帯資料（価格表）

２-３-２　付帯資料（諸元表）

一〇ページ程度までなら階層は二つでも十分だ。内容次第では、二〇ページでも二階層で処理できるだろう。

◇データの有効な使い方

キラーインフォメーションを裏付けるデータの上手な使い方を知っておこう。

基本中の基本として、データは必ずベネフィットを裏付けるものでなければならない。これは当たり前のことなのだが、たまに関連性のないデータが入っている企画書やプレゼンを見かけて首をかしげることがある。

例えば、自社製品の売上データを延々と書いたところで、それが顧客のメリットとつながらなければ意味はない。確かに、良い製品だということを伝える意味では、人気を示すバロメーターである売上実績も重要だ。

しかし、数パーセント差でシェア一位を取ったとしても、製品の良し悪しとはあまり関係ないことも多いのだ。確かに、売る側はうれしいことだろう。だが、受け取り手側の気持ちになって、どんな数字をどう見せるべきか考えたほうがいい。

■データの重要度

苦労して集めたデータは、とても価値が高いと思えるだろう。ところが、残酷な話だが、受け取り手側にとっては大した意味を感じないケースもある。

例えば、新製品の企画書で予算が足りないために、自らが街頭でアンケートを採ったとしよう。

なるほど、とても大変な作業である。やり終えた後、自分でも感激してしまうことだろう。確かに、褒めるべき行為だ、自社内では。

ところが、取引先側では、五〇名や一〇〇名のアンケートを見せられたところで、「だからなんだ」としか思わないケースもままあるのだ。もちろん、ないよりはあったほうがいい。そういったケースがほとんどだろう。だが、苦労して集めたデータほど、客観視しなければならない。この点をよく理解しておこう。

結論とデータの位置関係

結論とデータの位置関係は非常に重要だ。これは、企画書全体の構成とも共通している。基本的には、データが先にあって結論を導き出す。だが、先に結論ありきで、データで裏付けてもかまわない。企画書全体にインパクトを求めるなら、意外性のあるほうを先に持ってくるといいだろう。

【例1】
今度の新製品は、二倍に値上げしました！　なぜなら、アンケートの結果、価格が三倍でも良いものが欲しいと答えたユーザーが七割に達したからです。

【例2】
九割のユーザーが生産国にはこだわらないと答えました。そこで、新製品は中国生産に切り替えました。

読んだときに「なるほど」（例2）と思わせるか、「へえ」（例1）と思わせるかは、結論とデータの位置関係で変わってくる。データに価値があるなら、一般的には「へえ」と思わせたほうが有利。これは企画書全体の構成の作り方と同様に考えればよい。

■主役になるデータもある

データはあくまでも裏付けである。キラーインフォメーションを引き立てるための脇役だ。だが、ときとして企画書の主役になるデータもある。

『あのヒット商品のナマ企画書が見たい！』で取り上げたワイパア「ゴキパオ」の企画書が、まさに好例だ。ゴキパオとは、ゴキブリ用の殺虫剤なのだが、ゴキブリを泡で包んでそのまま捨てられるアイディア商品だ。

この企画書には、主婦がどれだけゴキブリを気持ち悪がっているのかを、ティッシュの枚数で示している。つまり、ゴキブリをつかむ際に重ねているティッシュの枚数で、嫌悪感を表したのだ。もちろん、このような汎用的なデータはないので、自社で調査した結果である。

取材の際、僕はとても面白いデータだと感じたのをよく覚えている。

さて、『あのヒット商品のナマ企画書が見たい！』が出版され、いろいろな方とお話しすると、ゴキパオのデータに関して、面白いと言われることが非常に多い。

確かに、データとして、ベネフィットを裏付けている。だが、それに加えて企画書自体を記憶に残すという意味で、ある面、データが主役になっているのだ。

何かのコンペで企画書を強烈にアピールしたいなら、この例のように忘れられないデータを盛り込めると有利だ。

■データの量に注意

データは非常に大切だ。ところが、最初から膨大な量を見せると、相手は混乱するだけのことになりかねない。

例えばアンケート。

アンケートの結果は、常にシンプルだ。

極端な話、自分で一〇名にアンケートを採っても、業者に頼んで一万名を調査しても、「○×パーセントです」で、終わってしまう。目的が達成できたのなら、基本的には結論を見せるだけでいいのだ。

苦労したりコストをかけたアンケートほど、プロセスやその他の情報を見せたくなるが、それでは、肝心のネタが薄れてしまうことを忘れないように。

ちなみに、僕の会社では、ある雑誌記事のために携帯電話に関するアンケートを採った。ナンバーポータビリティで機種交換をするためのコストはいくらなら納得するか、というデータである。

結論はとてもシンプルで、企画書のごく一部にポイント的に登場する程度だ。ところが、元となるデータは五〇〇件と膨大になった。

こんなケースで、どうしてもデータ量を活かしたいと考えるなら、企画書には結論だけをシンプルに掲載し、データは参考資料として添付するのがベストだ。

アンケートの結果はとてもシンプルだ。例として紹介する。

【参考1　アンケートとその結果】

問3　番号ポータビリティについて、手数料はいくらまでなら払えますか?

〈結果〉

平均　1534・8円

0円　148人（29・6%）
〜500円　54人（10・8%）
〜1000円　102人（20・4%）
〜2000円　70人（14%）
〜3000円　79人（15・8%）
〜5000円　27人（5・4%）
〜10000円　10人（2%）
10001円〜　2人（0・4%）
わからない　8人（1・6%）

アンケートのプロセスは膨大なボリュームになる。
どうしても見せたい場合には、別紙の参考資料（次ページ）として添付するべきだ。

【参考2 アンケート集計のプロセス】

	A	B	C	D	E	F	G	H	I	J	K	L	M	N
1														
2		ケータイアンケート 番号ポータビリティについて												
3														
4		▼	たはどこのケータイを使ってい ▼				(2)電話番号 ▼		(3)(2) ▼	(4)どのケータイ会社に変えたいで ▼				
5			DoCoMo	au	Vodafone	Willcom	はい	いいえ	円	DoCoMo	au	Vodafone	変えない	備考
245		228	1				1		1000				1	
246		229			1			1	3000				1	
247		230	1				1		2000				1	
248		231	1				1		0				1	
249		232	1					1	0				1	
250		233	1				1		0				1	
251		234	1	1			1		0				1	
252		235	1				1		0				1	
253		236	1				1		0				1	
254		237	1					1	0				1	
255		238		1			1		0	1				
256		239		1				1	2500	1				
257		240		1			1		1000				1	
258		241			1		1		2000				1	
259		242	1				1		1000				1	
260		243	1				1		2000				1	
261		244			1		1		1000		1			
262		245		1			1		1000				1	
263		246	1				1		0				1	
264		247	1				1		3000				1	
265		248		1			1		0				0	
266		249	1					1	2000				1	
267		250	1					1	1000				1	
268		合計	28	17	5	1	37	13	1410	4	3	2	40	
269														
270														
271		251	1				1		2000		1			
272		252	1					1	2000			1		
273		253	1				1		3000				1	
274		254			1		1		3000				1	
275		255	1				1		1000				1	
276		256	1					1	1000		1			
277		257	1					1	1000				1	
278		258	1				1		7000				1	
279		259		1			1		0				1	
280		260	1					1	2000		1			
281		261	1				1		1000				1	
282		262	1				1		0				1	
283		263	1				1		500			1	1	変えるとしたら:
284		264			1		1		2000		1			
285		265	1				1		2000			1		
286		266		1			1		0				1	
287		267		1			1		1000				1	
288		268	1				1		300				1	
289		269	1					1	500				1	
290		270			1			1	500	1				

膨大な量になるアンケート集計のプロセスを示す資料。全部で500行になる。どうしても相手に見せたい場合は、このように脇役の参考資料として添付するのがベストだ。

第4章

思わずうなずくポイントを発見し、随所にちりばめろ!

◇相手の求めているポイントを突く

さて、全体の構成がほぼできあがってきたなら、いよいよ各論に入っていく。

企画書の内容を明確に示すために、各部のポイントにこだわっていこう。

本章では、いろいろなテクニックや強調の方法を書いていくが、気をつけなければいけないのは目立たせ方の基準だ。

例えば、ポイントの目立たせ方を身につけたとしても、重要と思われるポイントをやたらに目立たせていくと、結局何も目立たない派手な企画書になるだけだ。

要するに、メリハリが重要なのだ。

「読みやすい企画書は、目的やテーマが明確で、重要な部分が重要度に応じてきちんと目立つようになっている」

この点を忘れないように企画書全体のバランスをトータルに考えていこう。慣れるまでは、全体をごく普通に作り、強調ポイントだけに少しこだわる程度で十分だ。

ちなみに、ここでいう「目立たせる」とは、見た目だけではない。見出しや文章の語句も含んでいる。

■「貴社の問題を解決します」はダメ

目を引くタイトル、読みたくなる見出しは非常に重要だ。もちろん、それは企画書全体の内容と合っていなければならない。見出しが目立つのは良いのだが、その見出しを内容で裏付けられないのなら、まるで無意味だ。

見出しの方向性として気をつけなければいけないのは、知らない情報を書かないことだ。よく、「貴社の問題を解決します」というニュアンスの見出しを見かけるが、これは非常に危険である。

本当に相手の会社の問題点を把握できるのだろうか？

もし、多少でもハズしていると、読む側は「何もわかっていないな」と感じることは間違いない。いわゆる、〝見出し倒れ〟になる可能性が高いのだ。

もちろん、これが社内のプロジェクトで、「自社の問題を解決します」ならかまわない。

■相手が望むのは基本的に利益

今さらだが、本書で説明しているのはビジネスの企画書だ。

つまり、企画書の最終目標は利益なのである。当然だが、ビジネスは結果として利益を生むための活動だ。

だから、究極の見出しの作り方は簡単だ。

「受け取り手が一番関心を抱くのは、利益に直結する見出しである」

これが、最大のポイントであると断言しよう。

「あなたの会社の利益が上がります」「自分の会社が豊かになります」と、訴えかける見出しが一番読んでもらえる。いや、原則として企画書で一番目立つ見出しは利益でなければならないのだ。もちろん、利益の多くは〝お金儲け〟だが、例外も数多い。

一番顕著な例は、経費節減だ。コストをセーブすることで、結果として利益につながる。他にも、間接的に利益につながる例は数多い。従業員教育、福利厚生、情報共有、システム化……。枚挙にいとまがない。

ところが、見出し的には、なるべく、直接利益に近い文言が目を引く。

1　情報共有が完璧に
2　情報共有で効率化
3　情報共有で顧客満足度が向上
4　情報共有で売上が向上する三つの理由
5　情報共有で売上三割増！

一般的には、後者ほど、読みたくなる見出しだ。ただし、内容によっては、「5」まで書くとやりすぎにもなりかねないので、注意したい。

見出しは、三段論法で考えればいい。社内で情報共有をするのは、基本的に効率化のためである。何のために効率化するかといえば、顧客満足度の向上や時間短縮だ。そして、顧客満足度を上げる理由は、当然のこと、販売量を増やし、利益を上げるためである。

つまり、すべてのキーは利益につながるのだ。提示しようとしている内容が、どこまで利益に直結するかを的確に考えて、見出しで訴えよう。

感覚として、言いすぎは厳禁。三段論法の三段目は、多くのケースで言いすぎである。少し足りない程度で十分だ。

◇自分のアイディアを明確にする

企画書には発想が欠かせないように言われている。

もちろん、そんなケースも多い。例えば、代理店が作る広告の企画書なら、発想やアイディアが必須だ。ライバルとの差は、広告の作り方やキャッチコピーでしかないケースもあるだろう。

一般の企画書でも、アイディアがあったほうが確実に有利だ。企画書に自分ならではのアイディアがあるなら明確にしていこう。

これは、「自分のオリジナルです」「我が社だけの……」というニュアンスの文言を加えたい。

■アイディアは必ず想像の範囲内に

何らかの技術開発をしているならともかく、ビジネスの企画書に盛り込むアイディアは想像の範囲内が基本だ。突拍子もないアイディアは、受け入れてもらえないケースがほとんどだ。

裏を返すなら、想像の範囲内のアイディアほど、検証が弱くても通過する可能性があるということ。裏付けとなるデータが多少欠けていたとしても、受け取り手が判断しやすいのだ。ところが、飛び抜けたアイディアは、検証が難しく判断ができない。

判断ができない企画書は「NO」と同じだ。

■アイディアがわかないという人は？

企画書のセミナーを開くと「アイディアがわかない」「どうすれば発想できるか」という質問が多い。確かに、企画書を作るたびに、アイディアを盛り込むのは大変な作業だ。もちろん、発想法やテクニックにはいろいろな手法があり、学習することで発想が豊かになるのも事実だ。

ところが、アイディアがないとボヤいて企画書が作れない人のほとんどが、実はきちんとした構成ができていないだけのことなのだ。

新しい商品を売るのに、新製品のメリットを並べ立てただけの企画書を取引先に持って行く――これでは、カタログと同じだと言われて当然だ。アイディアがない、というクレームが上司からも出るだろう。

だがしかし、そんなポイントで悩んでいるのなら、アイディアは不要である。本書で繰り返しているように、その新製品を取引先が購入すると何が良いのか、その点を明示するだけで、満足してもらえる可能性が高い。アイディア不足はその次の検討事項だ。

■オリジナリティがなくても良い企画書を作る方法

もしも、自社の製品に特別な特徴がなかったり、どうしてもライバルに負けているならどうすればいいだろう？　そこにアイディアを加えて、良い企画書にできるならベストだ。そのための方法を紹介しよう。

■まず、組み合わせることから始める

アイディアや新しい考えが必要なのに、どうしても良い発想が生まれないなら、組み合わせを考えていきたい。従来の考え方を組み合わせたり、新製品の良い点を複合的に組み合わせていくと、新しい提案ができるケースが多い。しかもその提案は、想像の範囲内なので相手にとって判断がしやすい。

例　新車のメリット「燃費がいい」「七人乗りである」

こんな新しい自動車を販売するとしよう。
相手は一般家庭で、今は五人乗りの普通の乗用車に乗っている。顧客は、また五人乗りのセダンに買い換えるか、提案中の七人乗りにするか迷っている。もちろん、最新の自動車だから、どちらも燃費はいいに決まっている。さあ、どうやって提案するか？
カタログやリリースとにらめっこをしても、新しい発想はなかなか生まれてこない。

例　家族旅行に出かける場合、大勢が乗れますこんな企画書でもこの車のメリットを伝えている。七人乗りの優位点を明確にしてはいる。だが、新しいアイディアがあるとは言えない。

例　七人乗れば交通費節約。大阪まで一人あたり一万円が約七〇〇〇円で！

何も特別なことを言っているわけではない。七名乗れることが、五名乗車に比べて一人あたりの交通費が安くなることに置き換えているだけだ。だが、敏感な顧客なら、これをメリットとして受け取ってくれるはずだ。

五名乗車でも七名乗車でも、五名以下の乗車の際は、ほとんどコストは変わらない。ところが、六名以上乗車すると、乗った分だけ一人あたりのコストが得になる。

大勢乗れるというメリットだけではなく、一人あたりの交通費が削減できることを明示するのだ。つまり、ある側面から見れば、五人乗りより七人乗りのほうが燃費がいいとも言えるわけだ。

「言われてみればそうだ」という程度のアイディアや発想でも、十分にこと足りるのである。

■アイディアに勝てるのは「検証」

ライバルの出した企画書が素晴らしいアイディアに満ちあふれていた場合でも、必ず勝てる方法を紹介しよう。これも繰り返しになるが、検証に尽きるのだ。

1　素晴らしいアイディアで、うまくいけば二倍売れそう
2　アイディアは並だが一・二倍売れることが検証できている

どちらを選ぶかと言われれば、多くの企業が後者と答えるはずである。新規事業についても同様だ。何らかの理由でお金が余っている会社でもない限り、選ぶのは後者だ。

特別なアイディアを考えつくよりも、確実性のある並の発想のほうが受け入れられる可能性が大きい。もちろん、不確定な要素を検証するのも簡単ではない。だが、発想が苦手ならば、検証に力を入れたほうがはるかに効果がある。

企画書の目的は、素晴らしいアイディアを提示することではなく、「利益を上げること」だと再認識したい。

◇まず、問題点を見せてしまおう

現代の社会では、まず完璧な製品はあり得ない。素晴らしい部分が多いとしても、必ずどこかに欠点が潜んでいる。

しかし、カタログやリリースでは、欠点をひた隠しにして良い点ばかりをクローズアップする。まあ、確かにそれでも良いのだろう。なぜなら、カタログには作った人の姿が見えないからだ。企業の信頼性向上という点で、やや疑問を感じなくもないが、このあたりの話は別の機会に譲ろう。

企画書がカタログと違うのは、作った人の姿が明確である点だ。

「企画書の信頼性は制作者であるあなたの信頼性とイコールである」

ということに尽きる。

企画書で信頼を失うことを書けば、あなたの信頼も失われ、取引は当面難しくなるだろう。失うものは非常に大きいのだ。

■問題点は思いつく限り書いておく

あなたのアイディアや売ろうとしている商品に問題点があるなら、企画書できちんと明記したほうがいい。僕は、思いつく限りの問題点を必ず書いておく。

問題点を書くということは、逆に言うなら、それを補ってあまりある魅力が提示できるということだ。もしくは、書き込んだ問題点はすでに解消できているか、解消の策があるはずだ。とんでもない問題点があり、解消方法もわからないなら、その企画を提出すること自体が間違っている。

もちろん、問題点を大きく目立たせる必要はない。ごくごく普通に書けばいいだけだ。逆に、カタログや保険の約款のように、見えるかどうかわからない程度の文字で小さく記載するのもやめておいたほうがいい。

■比較表には自社のマイナス点も盛り込む

企画書には、比較表を付けることがよくある。ライバルや自社の製品を一覧表で比較する表だ。その際には、必ず自社製品が劣っている点を明確にしなければならない。解釈の違いをうまく利用して、良く見せかけているケースもあるが、僕は賛成しない。

機能比較を見るようなユーザーは、相手が個人であれ、法人であれ、必ずその製品に関する情報に精通しているものだ。小手先のテクニックでごまかしたり、小細工をしても最終的に相手が調べる気になればバレてしまう。しかも、小手先のテクニックでごまかしたことまでもバレるのだ。ならば、最初から正しい事実を隠すことなく明確に書くべきだ。

正しく客観的な比較表を付けたなら、ライバルの企画書と比較されたときにも大変な優位に立てる。それぞれの比較表を顧客が見比べたときに、どれが信頼できるかが一目瞭然だからだ。

比較表を付ける理由は、自社製品の有意差を伝えることではない。検討する相手が調べる手間を省くためだ。

■欠点の理由を明確にする

マイナスを明確にするメリットは、信頼性を勝ち得るだけではない。事後のクレームを減らすためにも絶対に欠かせないのだ。

自社の製品や自分の企画に欠点があるなら、それを明記するのが絶対必要だ。かつ、その上で、欠点の理由もきちんと書いておくことを忘れないようにしよう。

例えば、新規事業の提案を企画した場合、事業が失敗する可能性をわかっているなら、きちんと明記する。かつ、その理由も書かなければならない。もちろん、「何となく」などは言語道断だ。

どんな企画書でも、受け取った相手は必ず可否を検討する。その両方がすべて盛り込まれており、かつ、それぞれの理由が明確な企画書は絶賛される。

企画書が正しく評価されないと嘆く前に、否決される要因を自分から把握し、対策を先回りできているだろうか？

例えば、新製品のランニングコストが不利なら、その理由をわかっているだろうか？製造コストが低いために、ランニングコストが不利なケースもあるだろう。もしくは、性能が充実している分、ランニングコストにしわ寄せが及んでいることもある。

このような理由を、きちんと開発部などに確認して把握しておいてこそ、正しく受け入れられる企画が提示できるのだ。

■デメリットではなくエポックであることを伝える

大手企業が開発した製品では、多くのデメリットが、実はエポック（特徴）であるケースがほとんどだ。

現代社会では、会社ごとの開発力、生産能力には大きな差がなくなっている。製品が劣っているのではなく、特徴として違いを打ち出しているケースが多いのだ。

にもかかわらず、それをデメリットと受け取っているユーザーは数多い。中には、売り手側まで「うちの製品はここがダメだから……」などと、嘆いているケースもある。

ダメな部分と特徴は違う。その点を明確にしておこう。

製品の企画書の場合、作った人と売る人が違っている。開発した人、作った人の意識をしっかり把握して、企画にきちんと反映していこう。その違いを理解せずに「売れない」と文句を言っても何も始まらない。

◇「ライバルに負ける」と思うことから始める

企画書提出がコンペになったり、ライバルが存在する可能性は非常に高い。ライバルの存在がハッキリしないときには〝ライバルはいる〟と思って対応したほうが無難だ。

その上で、ライバルに負けないように全力を尽くすのだ。基本的には、普通にやっていたのではライバルに負けると思うべきだ。

何か工夫したり、手を尽くさない限りライバルにはかなわない。気楽な気持ちで簡単に作った企画書がライバルに勝てるほど甘くはないのだ。ちなみに、本書を読んでいただければ、企画書を作る圧倒的なノウハウが身につくと著者は確信している。だが、ライバルも本書を読んでいる可能性もある。世の中、甘くはない。

■ライバルの動向を探る必要はない

値引き額やどんな商品をぶつけてくるのか、ライバルの動向を探りたがる人が多い。社内のコンペなどでは、そんな人が特に多い。

だが、数々の「勝った企画書」を見て、制作者の考え方を聞いた結果、それは無意味だと確信した。自分は自分、自社は自社である。

ライバルの値引き幅を気にして値段勝負に出ると、相手も再び値段を下げてくる。値引きは、常に自社のベストプライスを出せばいいのだ。必要以上に値引きして利益を減らすなら、そんなビジネスはしないほうがましだ。

値引きをせずに企画力で勝てるケースはいくらでもある。『商談現場のナマ見積書が見たい！』（ダイヤモンド社）で取材した引越社の吉田氏は、見積書にちょっとした気配りの文言を書き加えていた。例えば、寒い中の引っ越しでは、「荷物の中からコートを一枚出しておいてください」と、一言書き加えている。それが効くのだ。

もちろん、彼の人柄や誠実さ、安心感の高い会社のコンセプト……、彼がトップセールスパースンたる理由はその文言だけではない。だが、資料からでも気配りが伝わることは間違いないのだ。

彼は、ライバルに勝とうとして、思いやりのひと言を書いているのではない。あくまで、お客様のことを慮《おもんぱか》っての作業なのだ。

ライバルの動向を探って無理をしたり、手を抜く――要するにライバルと比較して企画書作成に対する力の入れ具合を変えるのは間違っている。どんな時でも自分なりにベストな企画書を提示し続けることが大切なのだ。

■企画書の百本ノックで鍛える！

仕事に慣れてくると、企画書を作るのが面倒だとか、大変だと思うようになる。しかし、そんなときこそ初心に返ってみよう。社内の会議にかける企画書は、出せるようになるまで相当なキャリアが必要だったはずだ。入社二～三年では提出できない会社も多いだろう。顧客への企画書もそうだ。営業が成功し、コミュニケーションが取れるようになって、初めて企画書を出すことができるようになる。

企画書を出せることは、大変にありがたいことだ。

にもかかわらず、初心を忘れて企画書作りを面倒がっていてはもったいない。

企画書作りの能力がまだ足りないと感じているなら、企画書の百本ノックで自分自身を鍛えよう。普通一通しか出さない企画書を三通、五通、一〇通と出していくのだ。

もちろん、作業は大変だ。しかし、キャリアが浅いうちは取引先の数が限られ、意外に時間もあるものだ。若いうちは、努力を認めてもらえるケースも多い。普通なら見てもらえない五通の企画書も、一生懸命作ったのなら、相手は見てくれるだろう。

企画書は、たくさん作るほどノウハウがたまり、上手に作れるようになる。また、作成時間も短くなっていくはずだ。

もし、あなたが二十代～三十代前半の若手ならば、若手であることに感謝しよう。企画書の百本ノックで鍛えられるからだ。五年後には、適当に企画書を作っていたライバルとは、大きな差がつくはずである。

第５章

センスがなくても
心配無用！
通る企画書の法則

◇大事なのはセンスじゃない！

企画書作りにセンスは必要だ。ないよりはあったほうがいい。

だが、センスを向上させるのは、とても難しい。その方法すら確立されていない。

しかし、残念ながら自分にはセンスがないと自覚していても、あきらめる必要はない。センスがなくても、良い企画書を作ることはできる。これは確約する。

ちなみに、ここでいうセンスとは、まず文章のセンスだ。読みやすくわかりやすい文章を作るセンスである。また、デザインのセンスも企画書作りに役立つ。

さらに、構成もセンスだ。企画書全体の内容を把握し、分析して組み立てるにはセンスがあったほうがいい。

とは言っても、心配はいらない。すべてのセンスを持っている人など、ほとんどいないはずだ。

逆に、一つもセンスがない人も少ないだろう。センスがないと思い込んでいるだけで、実はセンスがある人も多い。

つまり、センスの有無など意識する必要はないのだ。

例えば、構成は第3章で説明した法則通り作っていけばよい。

見せ方や文章については、本章で完璧な法則を解説する。とりあえず、この通りやれば誰にでも通る企画書が作れるのだ。

■文章が下手なら文章を書かない

企画書のセミナーを開催すると、「文章に自信がない」という人が非常に多い。もしくは、文章が苦手で書くのがイヤだという人も多い。

冒頭でも書いたが、メール時代のこれからは、今まで以上にビジネススキルとして文章力が求められることは間違いない。だが、とりあえずの文章力を即席で身につけようとしても、それは難しい。

文章が苦手なら、文章の少ない企画書を作ればいいのだ。長文の説明を避け、箇条書きや見出しを中心にしていく。

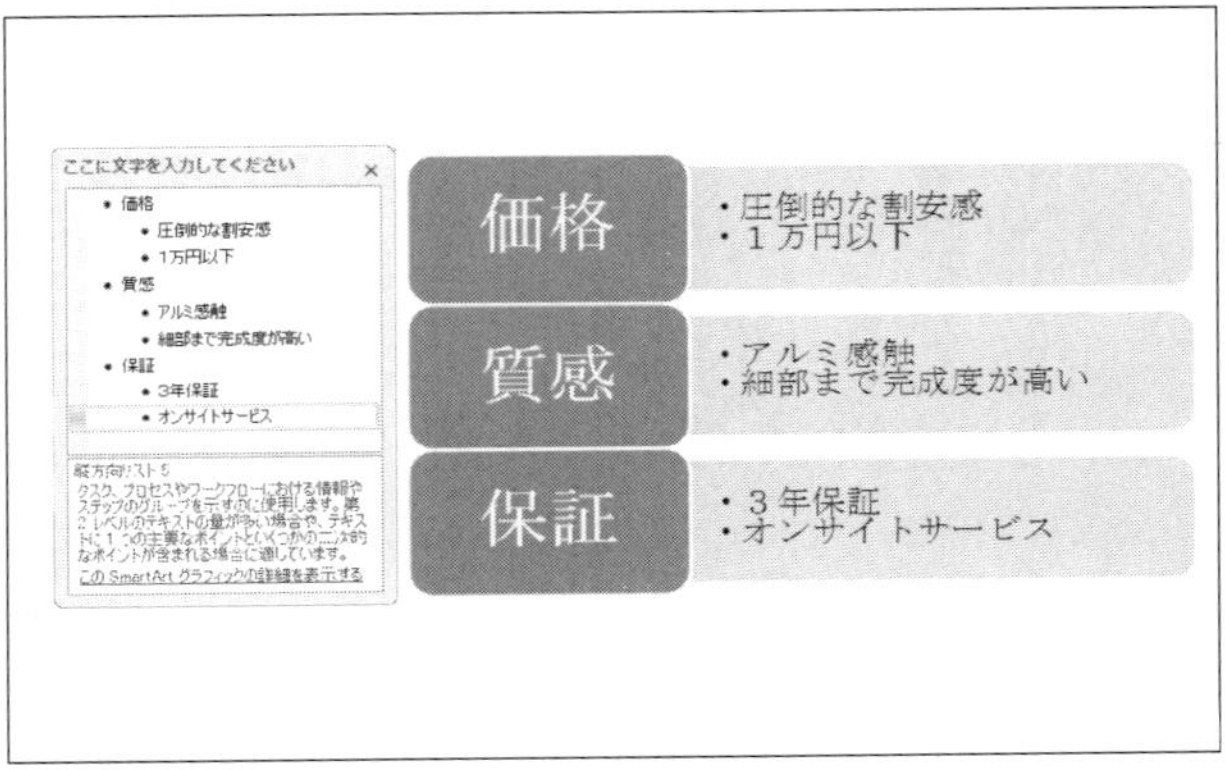

1　Power Point 2007の作図機能は非常に秀逸で、レイアウトなどはすべてソフト任せで大丈夫だ。

■図が苦手ならソフトの力を借りる

図解が苦手なら、ソフトの力を借りるのがベストだ。

お勧めは「Office 2007」だ。

本書執筆時点では、まだ発売前のベータバージョンを試用している段階だが、このソフトの作図機能はずば抜けている（1～3の写真を参照）。

例えば、箇条書きを三つ書いておき、ボタンを一発押すだけでフローチャートが作れたりする。

ぜひとも活用して欲しい。

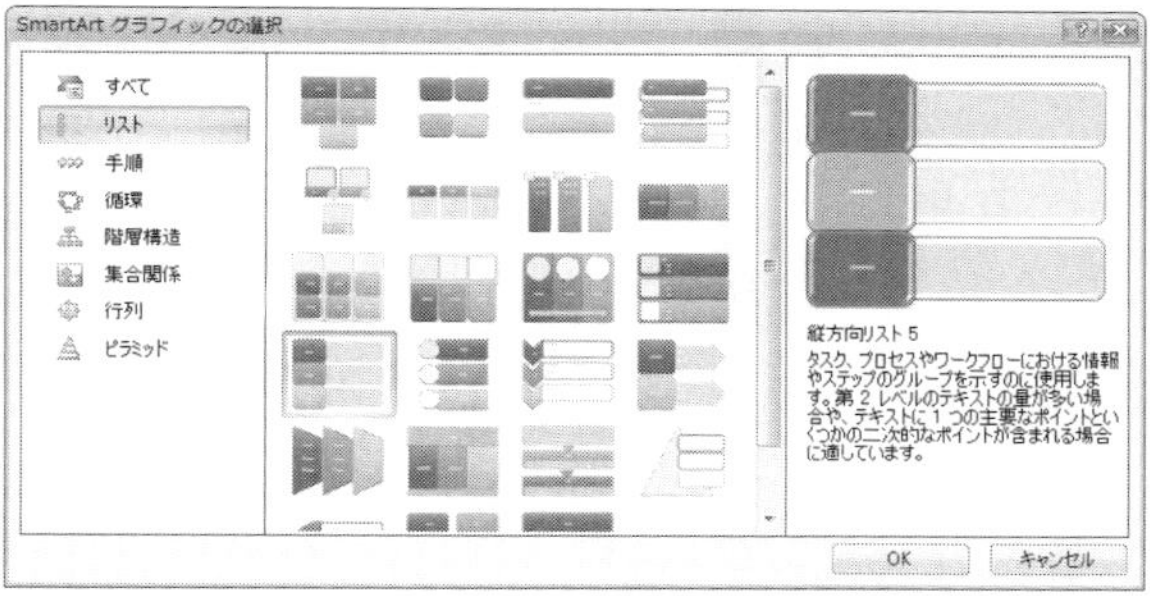

2　色やデザインは膨大な種類から選べる。

3　モノクロで少々わかりづらいかもしれないが、立体的な図解が 5 分とかからずに完成。

◇表紙を見た瞬間、ページをめくった瞬間が重要

例えば、社内のプロジェクトなど、相手が必ず読んでくれる企画書では、特に「読ませること」に苦労しなくてすむ。ところが、あまり気のない相手に企画書を読んでもらうときや、ライバルとのコンペでは第一印象が非常に大切だ。

印象の強い企画書は、読む気になるばかりでなく、読んだ後も覚えておいてもらえる。コンペでは、まず記憶してもらわなければ話は始まらないのだ。

■最初に見る場所をよく考える

あまり読みたがっていない相手に提出する企画書では、まず、相手がどこを見るか考えよう。普通の人なら、まず表紙を見るだろう。続いて、一ページ目をめくって読み始める。

ところが、コンペでたくさんの企画書が来ている場合はどうだろうか。すでに取引のある相手や、メジャーな会社が出してきた企画書はじっくり読むだろう。しかし、あなたが

その取引先に対して弱い立場だったら、同じように読んでもらえるとは限らない。

表紙だけ見てゴミ箱行きという可能性も十分にあるのだ。

立場や条件が悪いときには、表紙のタイトルしか読んでもらえない可能性も十分にあると考えよう。

■読んでもらえそうもない企画書こそ、タイトルが命だ。

落ち込む必要は、これっぽっちもない。タイトルしか読んでもらえないのではなく、タイトルは絶対に読んでもらえるのだ。だから、「企画書を出したのにまともに読んでもらえないよ」とグチをこぼすのは間違っている。

読んでもらえないのではなく、読んでもらえたタイトルで失敗しているのだ。

■ベネフィットを明確にする

では、タイトルには何を書けば読む気になってもらえるのだろう？

これは、ここまで読み進めていただければ簡単なこと。キラーインフォメーション、つまりベネフィットを明確に言うのだ。

もしそれで読んでもらえなければ、ベネフィットが間違っているのである。

僕は、タイトルで大げさなことを言うのは好きではない。企画書の内容を正しく伝えるのがタイトルだと考えている。しかし、読んでもらえないのでは始まらない。多少センセーショナルで、アジリの効いたタイトルを掲げてもいいだろう。

もう一度第2章、67ページの例を見ていただこう。

1 省エネ対応新製品のご案内
2 御社の経費を削減する新製品のご案内
3 御社の経費を三割削減する新製品！
4 新製品で御社の利益を三％向上

68ページでは、「4」はやりすぎなので「3」を目指すと書いた。もちろん、それは正しい。ただし、読んでもらえない可能性の高い相手に企画を提出する場合、どうしても読んでもらいたいなら「4」まで書いてしまってもいいだろう。

さらに「新製品で利益向上がお約束できる理由」など、内容を予感させて読みたくさせるタイトルをつける手もある。

■文字よりビジュアルに目がいく

文字ばかりの企画書の中に、写真や図解、グラフが入っている。こんな場合、人はまずビジュアルに目がいく。これは人間の本能だ。だから、ビジュアルは完成度が高くなければならない。

時には、見出しやタイトルより先にビジュアルを見てしまうことも多い。

例えば、新製品の企画書で、新製品の見た目が旧製品とあまり変わらない場合、ビジュアルを入れないほうがいいこともある。別紙にするなり、後で届けるなり方法は考えたほうがいいだろう。新製品の外観が旧製品と変わりばえしなかったり、デザインがイマイチだと写真だけ見て、「こんなものか」と、それ以上読むのをやめてしまうケースも出てくるからだ。外観が悪いばかりに機能・性能の良さが伝わらないのは困りものだ。

事業計画書などでも、損益の予想グラフといった重要なデータは、あまり前のほうに位置させないほうがいいだろう。特に、特別に良い数字が出ていないなら、全体の中に埋もれるように提示するべきだ。

もちろん、パッと見であまり良くない数字でも、きちんと理論づけられていれば、十分に合格である。ただ、それだけをパッと見て判断されるのが得策ではないということだ。

◇人づてに渡るなら必ず表紙を付ける

企画書は最初に決定権者が読んでくれるとは限らない。取引先の担当者に渡した企画書が上長まで回って決裁されるパターンは非常に多い。また、社内のプロジェクトでも、部長までしか出席しない会議を通過した企画書が、役員会にかけられて最終判断されることが多い。

自分が提示して、説明できる企画書は、いわばプレゼン的な要素を持っている。多少文章が足りなくても、口頭の説明で補えるのだ。

だが、最終的に誰が読むかわからない企画書では、追加や補足の説明が不可能だ。企画書を誰が読み、誰が判断するのか、よく考えて作り込むべきだ。

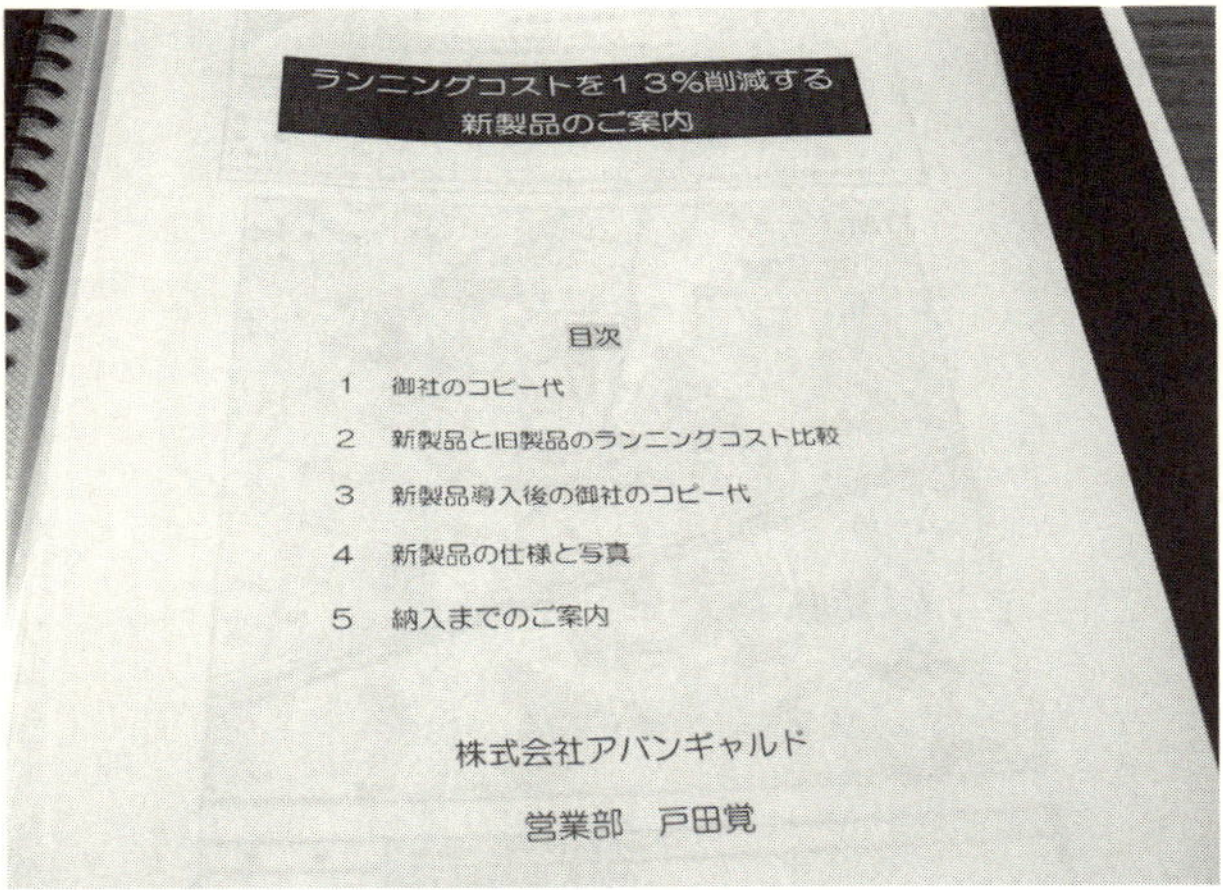

人づてに渡る企画書には、必ず表紙と目次を付けておきたい。

■目次を付ける

人づてに渡る企画書には、必ず表紙と目次を付けたい。全体のページ数が少なければ、表紙と目次を兼用してもかまわない。表紙を付けることで、タイトルと作成者がはっきりする。

目次があれば、全体の流れが一目瞭然だ。どんな流れで何を言いたいのか、タイトルの次に明示しておきたい。

■読んで理解できることが大事

人づてに渡る可能性のある企画書では、企画書だけを読んで内容をすべて理解できなければならない。説明の場にあなたが同席できず、企画書だけが独り歩きするのが普通だ。

そこで大事なのが、読みやすく理解しやすい文章だ。とはいえ、長文が苦手な人には、難しいだろう。そんなときには、見出しを立てた箇条書き的な文章をお勧めする。


「企画目的」

毎月のランニングコストを軽減する新製品をご案内いたします。

「ランニングコスト」

新製品のランニングコストは、現在お使いの〇×に比べ四割ダウンしております。

「コスト低下の理由」

新製品のトナーは、従来の製品と比べ……


このように、見出しで区切ってぶつ切りにしていくのだ。長文よりもはるかに読みやすく、表現などにこだわらなくてもいいので楽だ。

■万人向けであること

最終的な読み手がわからない企画書は、万人向けでなければならない。繰り返し商談を重ねている担当者は商品知識を十分に持っているケースも多いだろう。だから、担当者が決定権者なら、周知の情報は省いてもよい。企画書がコンパクトにまとまり、言いたいことがストレートに伝わるはずだ。

ところが、決定権者が商談相手の上司の場合には、そうはいかない。もしかすると、上司には何の情報もないかもしれないのだ。だから、初めての人を含め、誰が読んでも内容を理解できる企画書でなければならない。

また、社内の企画書でも同様だ。最終決裁は会議に出ていない役員などが行う場合には、一からの説明が求められる。何度も企画書を出し直したようなケースでも、必ず当初からの説明を省かないようにするべきだ。もしくは、当初からの企画を別紙資料として添付してもいいだろう。もちろん、読みやすいことが大前提だが。

最終的な決定権者が誰なのか、その人がどの程度の知識を持っているのかは、企画書を出した相手に聞けばだいたいは教えてくれるだろう。なぜなら、情報の欠けた企画書では、担当者が作り直したり注釈を加えなければならないからだ。完成度の高い企画書は誰もが歓迎するのだ。

企画が煮詰まってきたなら「決定権はどなたにありますか」と、聞いてみればよい。

■裏付けを明確に

決定権者が別にいる場合には、裏付けの提示を徹底重視したい。よりわかりやすく裏付けの情報を明示するべきだ。

商談を重ねている担当者は、あなたの人柄ややる気にプラスポイントを置いて判断を下していることもあろう。また、社内の会議では、熱意もかなり重視されるはずだ。

ところが、あなたと会う機会のない決定権者には、熱意も人柄も伝わらない。

「企画書が上に回ったときには、必ず反対者がいるものです。それを考慮に入れ、戦略を持って臨まなければなりません」

マネックス証券の松本氏から聞いた言葉だ。とても、価値のある言葉である。担当者が「YES」と言っても、上が「NO」で商談が潰れたり、プロジェクトが通過しないケースがよくある。

担当者は最大の賛成者だと考えるべきだ。そのほかの人は、すべて反対者と思って企画書を作っていこう。反対者の首を縦に振らせるのは、明確な裏付け以外にないのだ。

◇読まれる文字数の法則

読みやすい文章やレイアウトの法則を紹介しよう。

私たちの作る企画書は、やたらに装飾したり、デザインにこだわる必要はない。繰り返すが、大事なのはキラーインフォメーションだからだ。とはいえ、読みやすい企画書であるべきなのも、また、言うまでもないだろう。

Ａ４用紙一枚に企画書をまとめようとして、文字ばかりをぐっちゃりと詰め込んでも、誰も読む気がしなくなる。余裕を持った見やすいレイアウトにしたいところだ。

ワープロでは文字サイズが標準で一〇・五ポイントになっていることが多い。できるなら、本文は一二ポイント程度に、やや大きくしておくといいだろう。文字数が多いときには段組も有効だ。

■タイトルは一六文字程度で

タイトルは、最大二五文字までにする。できれば、一六文字程度にとどめるのがベストだ。これは、『プレゼンの鬼』（翔泳社）で検証したのだが、人がパッとひと目見て内容を理解できる文字数のベストが一六字だからだ。

「ランニングコスト一三％減の新製品！」
「従来製品に比べランニングコストを一三パーセント抑えた画期的な新製品！」

どちらのタイトルが、目に入りやすく、記憶しやすいかは一目瞭然であろう。とはいえ、タイトルが短すぎて、伝えるべきことが不足するのでは本末転倒だ。タイトルには、できる限りベネフィットを入れていくべきなので、一〇文字程度では言い足りなくなるだろう。一六〜二五文字程度で考えていきたい。

■本文は短いほどいい

企画書を説明する、いわゆる本文は、短ければ短いほどいい。回りくどい言い回しや、同じことを繰り返し言うような愚は避けよう。前記したように箇条書きを多用し、必要なら表やグラフを入れる。

例えば、新製品の細部を説明したいなら、文字でゴチャゴチャ書くよりも、アップで撮影した写真を入れたほうが早い。自信のない長文を書くよりも、写真を撮影するほうが楽しいし、時間もかからないはずだ。

新製品の良くなった部分をまとめたいなら、旧製品やライバル製品との比較表を作ればいい。強調したい部分の色を変えればわかりやすいだろう。文章で説明しようと考えなければ、書かずにすむのだ。

余談だが、我々プロの物書きは、いくらでも長文が書ける。それが仕事なのだから当たり前だが、結局できあがった文章を見てみると、ムダに引き延ばした長文は面白くも何ともない。やはり、適正な文章量が大切だ。

■一行は二五文字程度に

やや長い文章を企画書に書く場合、一行は二五文字程度にして改行したほうが読みやすい。一行が四〇文字に達するようだと、目で追うのが大変になる。

といっても、いちいち文字数を数えて改行する必要はなく、ワープロの機能で段組を使うと、長文を読みやすくレイアウトできる。

■下手な装飾はしない

企画書はプレゼンのスライドではない。だから、特別な装飾も見た目の派手さも基本的には必要ない。理解度を高めるために、必要ならグラフや図解を使う。これは当たり前のことだ。しかし、書類全体に枠を付けたり、色を付けるなどの装飾は、原則的に不要である。もちろん、デザインに自信があって、それを自己主張したいなら、反対はしない。効果が上がることもあろう。時には見た目が有効なケースもある。

だが、ビジュアルに徹底的にこだわりたいなら、企画書ではなくプレゼンのスライドをこしらえたほうが、よりメリットがある。プレゼンの場合は、ビジュアライズした情報の見せ方で勝負する側面があるからだ。

もし、ライバルに外観で差をつけたいなら、フォルダーなどの入れ物にこだわるのがいいだろう。これなら、文具店で買ってくるだけですむ（第6章参照）。やりすぎの失敗もほとんどない。

また、もう一つお勧めの方法は、紙を替えることだ。

最近のレーザープリンターは厚紙にも対応している。会社で標準的に使っているコピー用紙が、見た目が今一歩の再生紙だったら、あえて高価な厚紙に印刷してはどうだろう。高いといっても、そこは紙だけにたかが知れている。しかし、厚手の立派な紙はうやうやしい。下手な装飾より、よほど効果的だ。

■フォントは一種類で十分

企画書では、フォントも一種類で十分だ。基本的には明朝体でいいが、少しポップな印象を打ち出したいなら、ゴシックか丸ゴシックを使えばいいだろう。何種類ものフォントを使うと、見た目の印象がバラバラになって逆効果だ。

また、複数のフォントを使い分けるようなこだわりを考えるなら、その時間を情報収集に充てたほうが効果的である。

あなたが若手なら、丸ゴシックや角ゴシックがお勧めだ。すでにベテランの域に達しているなら、明朝系の書体を使った落ち着いた企画書を提示するのがよいだろう。

■用紙を横に使うのも意外と効果的

なぜか、企画書というとA4用紙をタテに使うのが一般的だ。だが、プレゼンのように横に使うのも意外に読みやすいのでお勧めだ。

人間の視野は、そもそも横長のワイドで一六対九と言われている。ひと目で用紙全体を見渡すときには、タテよりも横に使ったほうが見やすいのだ。また、ある程度長いタイトルや見出しを使うときにも、用紙を横に使ったほうが文字サイズが大きくできる。写真をページいっぱいに貼り付けたいときにも横のほうが便利だろう。多くの製品写真は横位置だからだ。僕は、効果的だと思えば、A3用紙に印刷した資料などを挟み込んでいく。要素の多いグラフなども、文字が大きくできるA3用紙が見やすい。

また、使うソフトにも注意したい。

基本的には、「Word」で作るのが企画書で、「Power Point」はプレゼンのスライドになる。普通の企画書を「Power Point」で作ると、レイアウトが贅沢すぎてページ数が多くなりすぎる。横位置の企画書を作りたいときにも、「Word」を使ったほうがコンパクトにまとめることができる。

また、本文が縦書きの企画書は、あまり見かけない。上手にレイアウトすれば効果的だが、ビジネスのデータはほとんどが数値となるわけで、横書きのほうがはるかに見やすい。本文の縦書きは避けたほうが無難だ。

◆ポイントは三つにまとめ、優先順位を明確にする

情報を見やすく、伝えやすくするポイントをまとめておこう。企画書の中で何を言いたいのか、もしくは、その項目やそのページで何が伝えたいのか、まずそれを、自分の中で明確にすること。自分がよくわかっていないことを人に伝えるのは無理だ。

さらに、伝えたい内容の中で優先順位があるなら、もちろん明確にしておこう。それが把握できてから、企画書を作り始めるのが得策だ。

企画書全体として伝えることはキラーインフォメーションだが、各ページや項目ごとに何を伝えるかをよく考えて、全体の構成やページレイアウトをこしらえていきたい。

■情報は三つまでに絞り込む

一度に伝える情報は、三つまでにするのがベストだ。一度と言っても、企画書一枚ということではない。一つの区切りごとに、という意味だ。

例えば、一ページごとに内容を区切っていくなら、一ページには三つの情報だけに絞り

込む。もちろん、ページ数ではなく、項目や章立てごとに三つの情報にしてもいいだろう。

フローチャートも同様で、できれば三つまでの項目にしたほうがいい。

これは、心理学の応用だ。有名な「マジカルナンバー・オブ・セブン」という理論で、人が一度に把握できる情報の数は三つまでは確実とされているからだ。どれほど優れた人でも、最大七つまでの情報しか把握できない。

内容を常に頭に描いた状態で、その項を読んでもらいたいなら、三つまでにするのがポイントだ。

例えば、「利益が上がるポイント3」「利益が上がるポイント7」では、前者のほうが理解しやすいのは当然だ。七つもポイントがあると、読んでいるうちにどんどん忘れていく。特に注目したいポイントのみ覚えているが、そのほかはゴチャゴチャに混ざって忘れてしまうのがオチだ。

これは、企画書でもプレゼンでも同じこと。多すぎる情報を伝えようとすると、結局は必要な情報が伝わらないことになるのだ（図9、10）。

図9　ポイントを3つまでに絞れば、すぐに読めて頭にもスッキリ入る

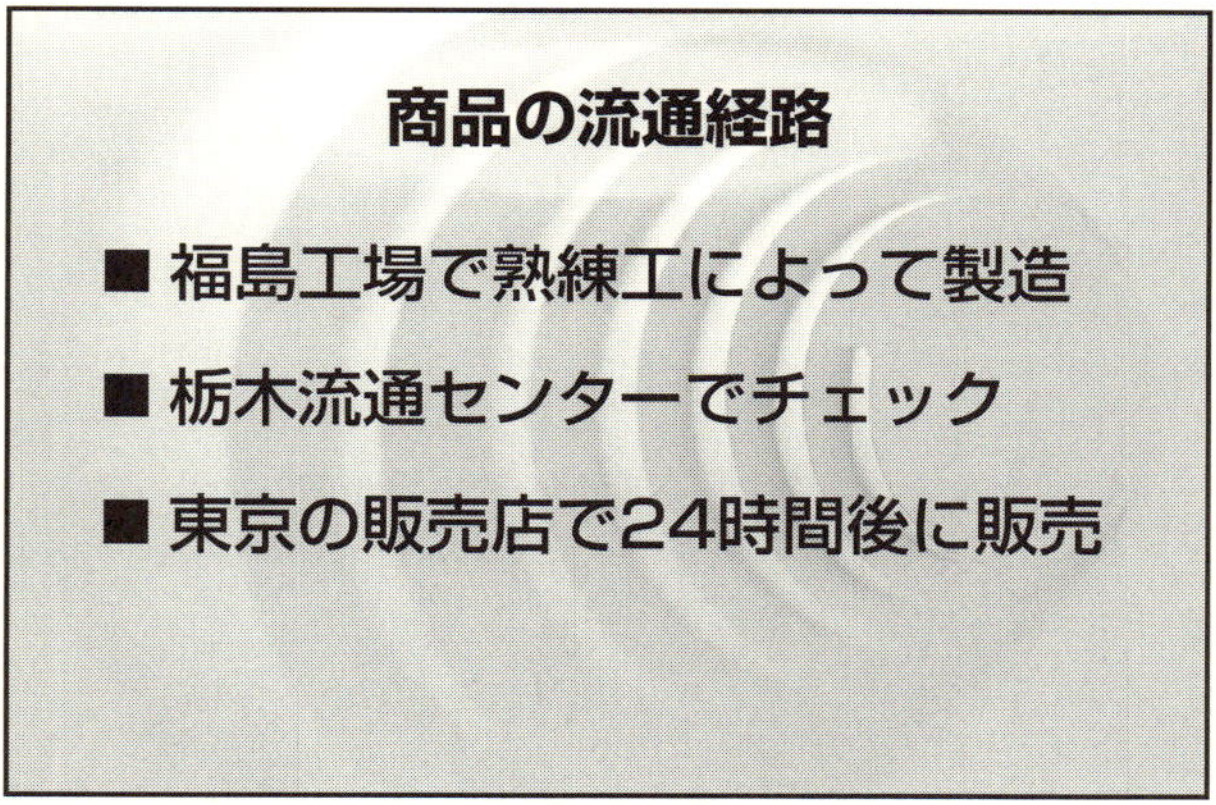
商品の流通経路
■ 福島工場で熟練工によって製造
■ 栃木流通センターでチェック
■ 東京の販売店で24時間後に販売

図10　ポイントが多くなると、結局言いたいことがハッキリ伝わらない

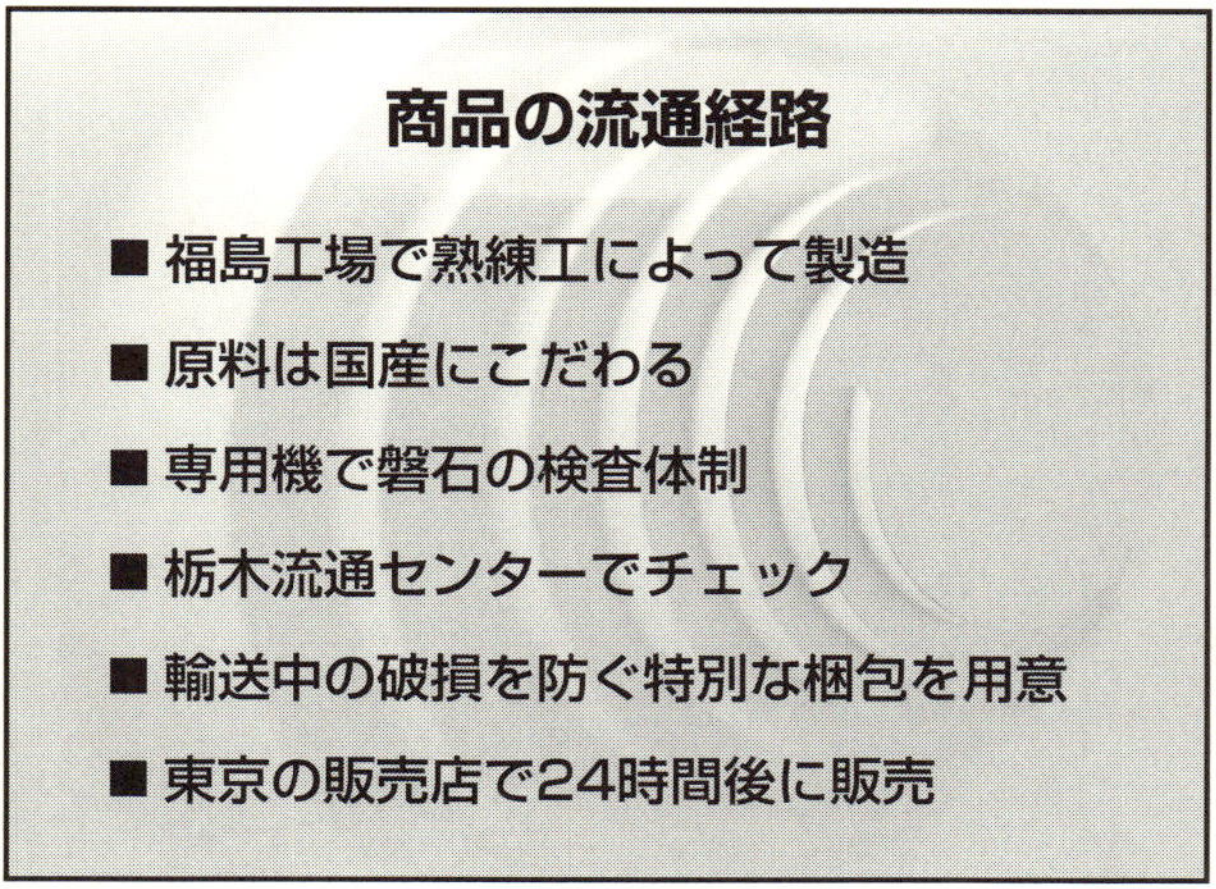
商品の流通経路
■ 福島工場で熟練工によって製造
■ 原料は国産にこだわる
■ 専用機で磐石の検査体制
■ 栃木流通センターでチェック
■ 輸送中の破損を防ぐ特別な梱包を用意
■ 東京の販売店で24時間後に販売

■結論を「結論」と明記する

企画書には必ず結論が必要だ。結論の位置は最後になるケースが多いが、第3章「結論とデータの位置関係」の項（105ページ）で説明したように、最初に結論を言い切ってしまい、後から検証してもかまわない。あくまで作り手の選択である。

ただし、何が結論なのかよくわからない企画書を意外とよく見かける。企画書作りに慣れていないなら、必ず結論を明確にしたい。その方法は簡単だ。結論に対して「結論」という見出しを立ててしまえばいい。

「結論　御社の利益一二〇％確保をお約束します」

自分は結論だとわかっていても、受け取り手がどう考えるかわからない。だからこそ、あえて「結論」と明記するのだ。もちろん、書き方は「目標」とか「目的」でもかまわない。だめ押しと感じても、きちんと伝わらないより何倍も価値がある。繰り返すが、結論として強く打ち出すのは、相手にとってのメリット――キラーインフォメーションだ。

図11　なぜ図解にするのか？

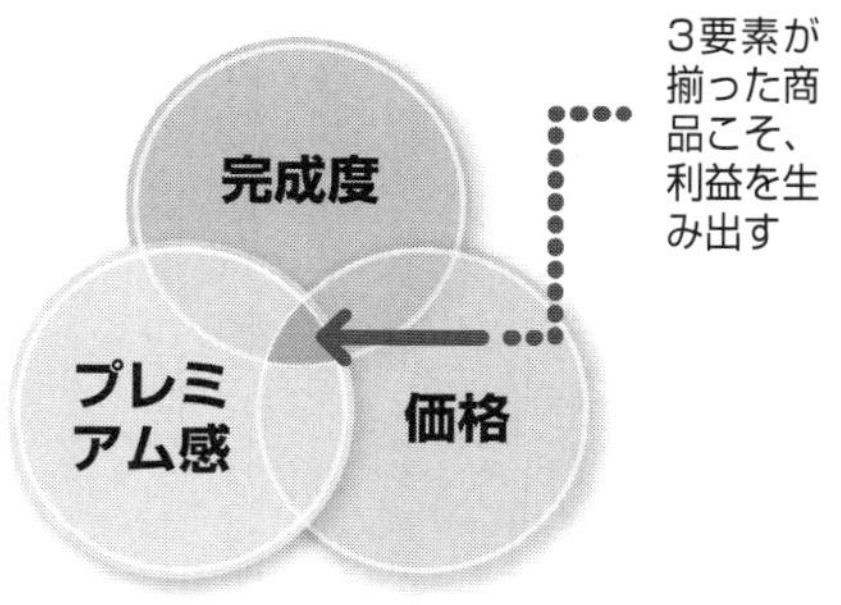

■図解の大前提は文章よりわかりやすいこと

■チャートは使い方をよく考える

図解の本を見ると、チャートの使い方が詳しく説明されている。

これを参考にして、しっかりと理解すれば、完璧な図解ができるようになるだろう。だが、一般的な企画書で、そこまで考えていると時間が足りなくなる。

図解の大前提は、文章よりもわかりやすいこと。文章で書いたほうがわかりやすいことを図解するのは無意味だ。

その上で、まず原則を知っておくべきだろう。図解は上から下、左から右が基本だ。表にしても項目は上か左側（もしくは両方）にある。

フローチャートを使う場合、多くが作

業や情報の流れを示している。どのように伝わっていくのか、そのステップを明確にするために使う。そもそも、プログラマーが開発の際に多用し始めたのがフローチャートなのだから、使い道は作業の流れを示すのに最適なわけだ。

ユーザーの心理などを表すのに役立つのがベン図（図11）などの関係図だ。使い道さえ的確なら、さほど苦労せずに思い通りの図解表現ができるはずだ。

金額などの数を示すにはグラフを使う。グラフに関しては次に詳しく説明する。

■グラフの意味を知らないと失敗する

ビジネスでは、数字を追い求めるのが原則だ。結果として表れるのは、ほとんどが数字だからだ。

数字は、わかりやすく判断しやすい。「１００」よりは「１５０」のほうが、「50％」も大きいとすぐにわかる。

ところが、「３４５６」「４０９８」「３９７８」といった数字が並んでくると、パッと見てどれがどのくらいの大きさで、差がどの程度あるのかわかりづらい。

図12　同じ数字もグラフにすると上下の関係や差異が視覚的にわかる

東京	大阪	福岡
3456	4098	3978

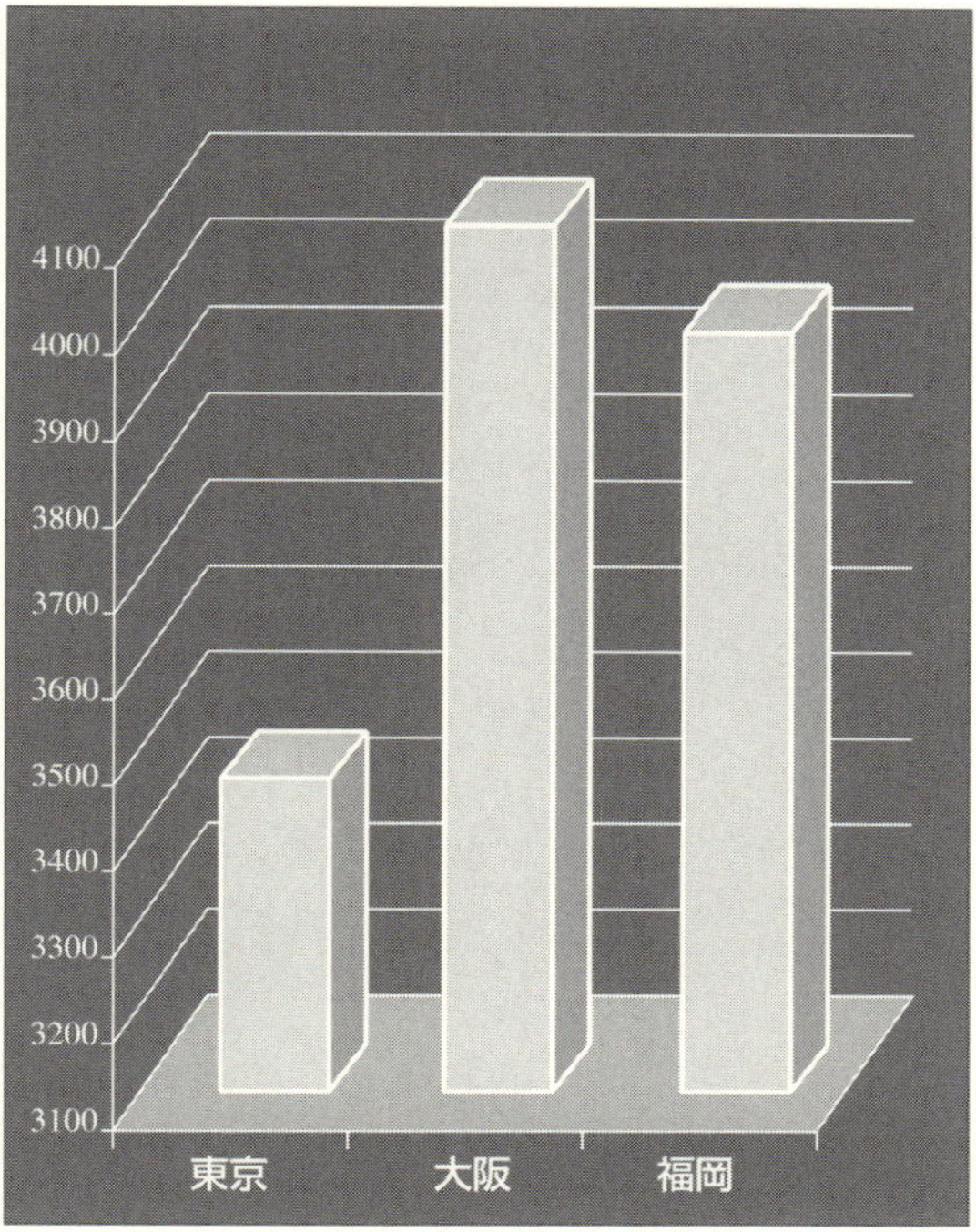

シェアなら円グラフ、売上の推移など時間の経過を同時に示したいなら折れ線グラフ、比較をしたいなら棒グラフが適している。

これは基本中の基本だ。大事なのは、グラフ作りのテクニックではなくて、まず、自分がどんな数字をどのように見せたいか、なのだ。

どのデータを見せるか、企画書全体やそのパートで、どんな数字をどのように見せて、何を理解してもらいたいのか。これが明確ならば、自ずとグラフや表の作り方が変わってくる。

グラフ作りのテクニックに長けていても、見せるべき情報が明確に絞り込めていなければ、必要な情報が伝わらない。

例えば、売上の推移を提示したい場合、全営業所の全シーズンの売上を見せたところで、受け取り手側は混乱するだけかもしれない。もちろん、必要な数字がそれそのものなら、A3用紙など大きな紙に印刷して提示するべきだ。だが、一定の営業所の一部期間の数字にのみフォーカスしたいのなら、一部を取り出す工夫こそが重要だ。

図13　「何を見せたいか」でグラフを作り分ける

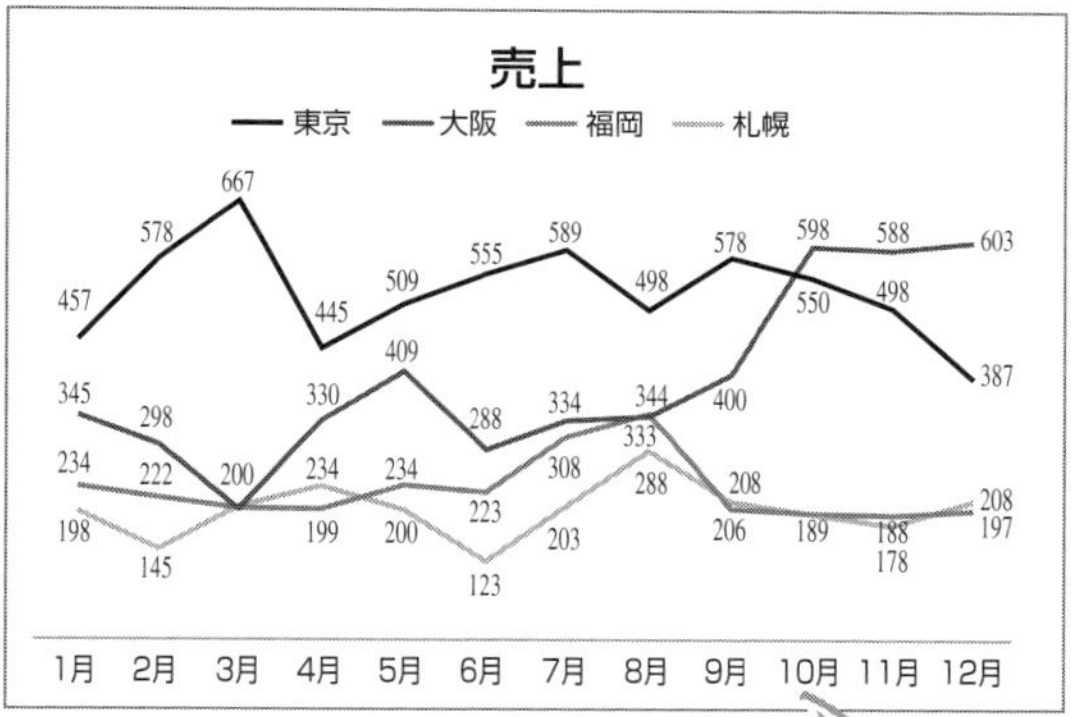

全営業所の売上を見せるグラフ。必要な情報が「すべて」ならば、これでいい。

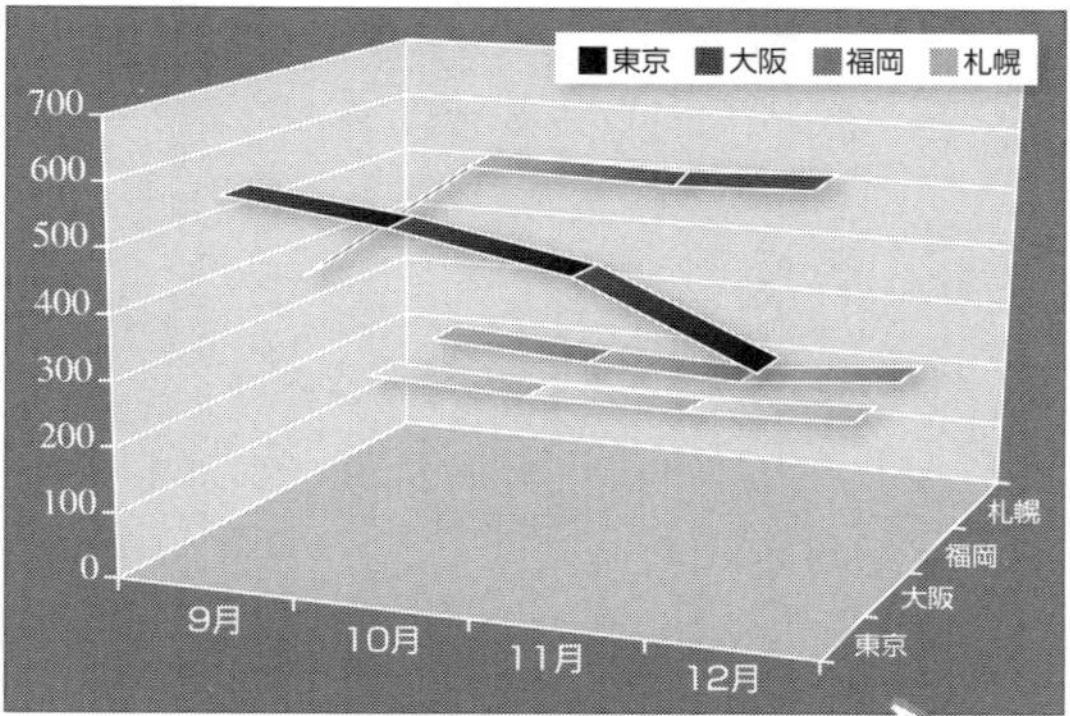

秋口の売上だけを取り出して、3D折れ線グラフにした。すると、全営業所が秋口に売上を落としている中、大阪だけが伸びていることがわかる。

◇常に「なぜ」を明示する

見た相手が納得し、さらに読みたくなる企画書の作り方を紹介しよう。

それは、「なぜ」にこだわることだ。企画書の中にある「なぜ」を一生懸命考えていく。

もちろん、なぜの先には裏付けがあるわけだが、裏付けのない部分でもなぜと思う情報にこだわらなければならない。企画書の各部分を見直して、なぜに的確に対応できれば素晴らしい企画書の完成は近い。

■相手のなぜに先回りする

企画書ビギナーなら、まず思い通りに企画書を完成させてしまおう。その上で読み直しながら、「なぜ」を考えていく。

企画書を作った経験が豊富なら、作りながら「なぜ」を考える。少しでも、「なぜ」を見つけたら、その答えを埋めていかなければならない。

「昨年の売上は一億円でした。今年は新製品投入で一億二〇〇〇万円を目指します」

この文章にはいくつの「なぜ」があるだろう？　考えてみて欲しい。

「昨年の売上は一億円でした」↓なぜ一億円だったのか、その理由は？

「新製品投入で一億二〇〇〇万円を目指します」

↓なぜその新製品で売上が二割も向上するのか？

これらの「なぜ」をつぶしていくと、自然に説明がふくらみ、納得しやすい企画書ができあがっていく。

「昨年の売上は、例年と比べほとんど差のない一億円でした。製品のライフサイクルが終わろうとしているので、一昨年と比べると妥当な結果で、営業努力の成果が出ております。今年は、魅力的な新製品を投入します。ユーザー調査の結果『欲しい』『買い換えたい』と答えたユーザーが一二〇％に達しました。また、単価も五％ほどアップしております。両方を複合的に検討した結果、最低でも売上は一億二〇〇〇万円に達すると予想いたします」

もちろん、さらに「なぜ」に答えていくこともできる。なぜ、ユーザー調査の結果が良かったのか、昨年の営業努力とは何か……。枚挙にいとまがないのだが、実は、これこそが企画書作りの神髄なのだ。

明確な目的が決まったら、あとは「なぜ」を解消していくだけで自然に企画書そのものができあがるのだ。

「なぜ」が解消できている企画書は非常に受け入れられやすい。読んでいて疑問を挟む余地がないからだ。

■明確な理由がないならそれを書く

「なぜ」に答えようとして、手が止まることがある。答えられないケースだ。すべての「なぜ」に完璧に答えられたなら、企画書は一瞬の躊躇もなく受け入れられるだろう。だが、企画書では予測を提示するケースがほとんどだ。

新しい売り方をしたら、より利益が上がると思います。

新製品は素晴らしいから、買ってください。

前者は明確な予測だし、後者にも、新製品が素晴らしいから、満足できることを予想して購入してください、という予測が入っている。

つまり、予測である以上、「なぜ」が解消できないことが、まま出てくるのだ。だから、すべての「なぜ」を解消しようとは思わないことだ。読み手も、企画があくまでも予測であることは理解している。その上で、投資したり商品を買う踏ん切りをつけられる段階まで、「なぜ」を解消できればいいのだ。

■できれば型にはまらないこと

本章では、企画書が読みたくなる書き方やポイントについて書いてきた。前章まででは構成について書いてきた。

ここで一つ気をつけて欲しいことがある。

特別なフォーマットがない限り、企画書は自由な書類なのだ。自分の言いたいこと、相手のためになることを一生懸命考えて伝えるためのドキュメントだ。

企画書作りが楽しいのは、創造する作業だからでもある。皆さんの頭の中で生み出したアイディアや売り方などを練り上げて提示する。結果が良ければ、受け入れてもらえるのだ。芸術作品を生み出すのと共通している部分もある。

だから、企画書を受け入れてもらいやすいルールを身につけた上で、あまり型にはまらないで欲しい。自分なりのオリジナリティを打ち出して欲しいのだ。

例えば僕なら、最初の一ページに企画書の目的だけをドーンと書いてしまう。そのページだけピンクなどの色つきの紙を使ってもいいだろう。気持ち的には冒頭から高らかに宣言したいわけだ。

こういったオリジナリティが重要なのだ。もちろん、それは自分自身の創意工夫と経験の積み重ねによって身につける、ということは言うまでもない。

第６章

企画書の「提出」と「説明」はこうしよう

◇必ず表紙を付ける

第5章でも少し書いたが、企画書には表紙があったほうがいい。

たとえ一ページの企画書でも、僕なら表紙を付ける。表紙を付けるに値する大事な書類を提出するというアピールだ。

表紙には、タイトル、作成者、日付などを入れる。

■簡単に見栄え良く製本する

文具店などで簡易製本用のキットが販売されている。例えば、コクヨの「レポートメーカー」なら、A4用紙タイプが五冊入りで五七七円（価格は販売店による）。一枚あたり一〇〇円ちょっとで簡易製本できるのだ。見栄えもなかなかで、受け取った相手は重みを感じるに違いない。文具店に出かけた折にでも購入して常備しよう。他のメーカーのものもいろいろ市販されているので、自分のイメージにあったものを探したい（次ページ写真）。

この種の製本キットの扱いは簡単で、ホッチキスで用紙と表紙をとじ、テープで止める

1枚あたり100円程度の製本キットでも企画書の見栄えが向上する。

と完成するタイプがほとんどだ。用紙が厚くなると大型のホッチキスが必要になるが、五〜一〇枚程度なら、一般的なホッチキスでとじられるはずだ。

もし、ホッチキスの金具が邪魔に感じるなら、フラットクリンチタイプを購入するといいだろう。ホッチキスの金具が盛り上がらず、すっきりとじられる。

薄い企画書こそ、製本して付加価値を高めたいところだ。

■フォルダーなどに入れて提出する

企画書は、クリアファイルや各種フォルダー、封筒に入れて提出するのもお勧めだ。紙だけで渡すと紛失してしまった

A3用紙を横に使って印刷し、企画書を挟むだけで、オリジナルフォルダーができあがる。

り、他の書類と紛れてしまう。鞄の中でぐちゃぐちゃになることも多い。どうしても読んでもらいたいなら、こんな小技が効くのである。

　適切なファイルがないなら、A3用紙を横に使い、タイトルなどを印刷しておくとよい。二つ折りにして企画書を挟んで渡すのだ（上の写真）。

　さらに、付箋《ふせん》を貼っておくだけでも紛れ方は違う。付箋は鞄に一つ常備しておくと便利だ。企画書を見せて説明する際に、相手が興味を持ったり、重要と思われる部分に付箋を貼ってから渡す。付箋が付いているだけでも、大量の書類に紛れた際に見つけやすい。

なくさせないより、目立たせる工夫が大事だ。顧客が書類をなくすのは、提出側にも責任があるのだ。

◇提出のタイミングを推し量る

企画書をどのタイミングで渡すべきか、常に大切に考えていたい。

僕は、スピーディに仕事をするのがモットーだが、企画書やプレゼンのスライドを短時間で作ると、「真剣に作ったのか？」と疑われることがある。書類の内容と作成時間には特に関連性はないのだが……。

企画書は、提出するタイミングをよく見極めるべき書類なのだ。

■説明が終わるまでは渡さない

企画書やスライドを印刷した資料を見せながら説明するときには、説明を終えるまで資料を渡してはいけない。これは、超基本的なルールだ。資料を渡してしまうと、相手は説明より先走ってページをめくってしまうことが多い。肝心の説明を聞いてもらえない可能性が増えるのだ。

■先に渡すか、渡さないか

打ち合わせの前に資料をメールなどで送付しておくケースもある。これは、商談時間が限られていたり、資料が多いときに有効な方法だ。ただし、相手がその内容に興味を持っていなければ、読んでもらうことすらできない。どちらかというと、社内の会議や各種のプロジェクト向きの手法である。誰かが「資料を読んでおくように」と強制できるなら、会議や商談の時間を短縮するために有効な手段である。

よく、事前に読んでおけと通達されたにもかかわらず、その場で説明を聞かずに熟読している人を見かける。これぞ、「仕事ができない人」の典型だ。

■書類の出し方は常識で

企画書を渡すときに、相手にタイトルを正面に向けて渡すのは、常識中の常識である。さらに、封筒に入れているなら、封筒から出して相手に正面を向けて渡そう。封筒は下に重ねて渡せば、相手は確認してからしまうはずだ。封筒に入ったまま渡すと、相手は中を開けて確認したくなる。そんな手間を省くのが当たり前なのだ。

渡すときには、「先日お約束の〇×の企画書です」など、内容についてひと言添える。もちろん、説明の後で提出するなら、「これがプリントアウトです。よろしくお願いします」でＯＫだ。

■企画の目的・思いは企画書を渡す前に伝える

企画書の説明をできずに、渡して読んでもらうだけになる場合には、渡す前に内容や思いを伝えたい。

「御社の〇×に必ず役立ちます。ぜひお読みください」

「今度の新製品は、〇×様が期待されていた機能をクリアしています。必ずご満足いただけると確信しています」

といった、内容に関する期待度をひと言付け加えるだけで、相手は読む気になってくれる。

さらに、苦労して作った企画書なら、嫌みのない程度にその点を強調してもいい。

「一生懸命考えた結果、素晴らしいご提案ができていると確信しています。ぜひお読みください」

「上司に見せたら絶賛されました。必ず関心を持っていただけると確信しておりますので、よろしくお願いします」

このように伝えるのだ。

■企画書を作るスピード

この項の冒頭（169ページ）で、企画書を短時間で提出すると手抜きと思われるケースがあると伝えた。だが、僕は、長年取材を重ねて達人のやり方を見せていただいた結果、そのリスクをふまえた上でも、早く出したほうが良い結果につながることを確信している。

『これがトップ営業マンの売り方だ！』で取材をした製薬メーカー、帝人のトップセールスレディ中崎氏は、ワゴン車に資料を満載していた。取引先から、資料を請われたら、駐車場の車までとって返して即提出したいからだ。

また、その場にない資料でも帰社してすぐに提出できる準備を重ねている。情報は、いち早く提出してこそ意味があり、信頼してもらえることを知っているからだ。

同じ書籍で取材した文具卸、東京クラウンのトップセールスパースン飯田氏も、大きな鞄を二つ両手に持って営業活動をする。あらゆる商品のカタログ等が満載されており、いつでも取り出して提示できるように準備しているのだ。二人とも荷物は重く、整理も大変だ。

しかし、それでも資料は早く提出してこそ意味があると、口を揃える。

企画書も、もちろん同様だ。

いち早く提出すれば、相手の気が変わらずに読む気になってもらえる。ライバルより先に提示することは、ある意味不利かもしれない。ライバルの動向を探ってから、提出したほうがいろいろな手を打てるのは間違いない。だが、常に自分なりにベストな企画書をいち早く提出する。これを理念としたい。

必要な資料は、早く手に入るほど価値が高い。当たり前のことだ。

■読んでいただいたらお礼を言う

相手が企画書を読んでくれたなら、まずお礼を言おう。

「読んでいただいてありがとうございます。お問い合せの件ですが……」

このように話を切り出すだけでいい。たとえ仕事とはいえ、相手は貴重な時間をつぶし、真剣に企画書に向き合ってくれたのだ。お礼を言おうではないか。

もし、読んでもらえなかったら——がっかりする必要はない。あなたの出した企画書が基準に達していなかっただけの話である。もっと読む気になってもらえる企画書を作ろう。

前にも言った通り、企画書作りはゲームと捉える。同じ内容でも、作り方、伝え方が違うだけで読んでもらえないケースが往々にして起こり得る。読んでもらえるように工夫することが楽しいのだ。

第７章

会議と商談で
企画書を作り分ける、
提出方法も変える！

◇誰よりも早く大量の企画を出す

商談での企画書は、内容やクオリティが大事なのは当然のことである。だが、ときには、ボリュームがモノを言うこともある。

ここで言うボリュームとは一冊の厚みではない。大量の企画を提示し続けることだ。

■企画を次々に提示する

僕が物書きになりたての頃、当然だが仕事がなかった。いくつかの編集部に営業をしたのだが、必ず「何か企画を持ってきてください」と言われた。

同じようなことを言われる職種は多い。「提案を持ってきてください」「面白い話はありませんか」と、聞かれる営業マンは多いはずだ。

ところが現実的には、「ありがとうございます」と、答えてはいるものの誰も大した企画を持ち込まないのである。理由は様々だろう。企画書を作る時間がないとか、その取引先を重視していないとか、面倒だとか……。

だからこそ、企画書に長けた人が勝てる余地がある。ライバルのさぼりは大歓迎だ！

■大量の企画を出し続ける

毎週訪問する取引先なら、毎週企画書を出す。会っていただくのだから、提案を持ち込むのは当たり前のことだと考えるべきだ。

ここでハッキリさせておくが、企画書を作るのにコストはかからない。値引きをするよりもはるかに効率がいいのだ。仮に、一〇通の企画書を作って一つを通しても、三通の企画書を作って一つが通っても、会社としての負担は同じである。もちろん、あなたの労力は違う。気分も違うだろう。

だがしかし、慣れてしまえば、企画書を三通出すのも、五通出すのも、手間の差、時間の差は大してないのである。常にたくさんの企画書を作る訓練をしていれば、苦労が苦労ではなくなる。

■あきらめるまで商談は生きている

商談やプロジェクトには、期限がある。

いつまでに買いたい、いつまでに事業を立ち上げたいといった期限だ。だが、往々にして、期限に達する前に企画提出をやめてしまう人が多い。

例えば、三カ月後に取引先が商品を購入する予算があるとする。早速企画書を出すのだが、一～二回チャレンジして通らなければ、まだ期限があるにもかかわらずあきらめてしまう。

もしくは、どうせ購入は三カ月後だからと、企画書作りそのものを先延ばしにする。

これは、どちらも楽をしたいばかりに自ら自分の首を絞めているのだ。

企画書を作る案件が発生したことにまず感謝しよう。そして、その日から早速企画書を全力で作るのだ。完成したら即刻提出する。もし評判が芳しくないなら、次の企画書を出す。判断が三カ月先だとしても、時間を見て企画書を作り続けて、二度、三度と出せばいい。

相手はどう思うだろう？

「何度も何度も企画書を出してきて、能力のないヤツだ」と思うケースは、ほとんどないだろう。「この人は一生懸命だ、我が社に対して必死に努力してくれる」そう感じてもらえるはずだ。

多くの商談やプロジェクトに敗れたのは、あなたがあきらめたことに原因があるのではないだろうか？　もう一度自問自答してみて欲しい。

■読んでくれない相手こそ根負けする

企画書を読んでくれない相手がいる。

往々にしてあることだ。しかも、読んでいないことをあからさまに言う相手もいれば、読んだフリをして実は全く見ていない相手もいる。

仕事ができる相手なら、企画書を読んだフリをすることはない。話のつじつまを合わせるのが面倒だし、嘘をつく意味がないのを知っているからだ。

「ごめん、忙しくて読んでないや」

「ざっと目を通しましたが、詳細は……」

提出した企画書を読んでいないなら、こんな返事が返ってくるのが普通である。あなたが、必死の努力で作った企画書が水泡に帰そうとしている。

だが、こんな相手は、必ず企画書を読んでくれるので安心していい。仕事のできる相手、常識を知っている相手は、読む気のない企画書を受け取ろうとはしないのである。お互いの時間の無駄になることを知っていて、「とりあえず企画書を持ってきてよ」とは、絶対に言わない。言ったら最後、相手に企画書を作らせることになり、対応する責任が生じるからだ。

前記のように、「忙しくて読んでない」と言う相手の多くは、読む気はあるけれど本当に忙しいなど、何らかの理由で読めなかっただけだ。

安心して次の企画書を出せばいい。読んでいなくても、どんどん新しい企画書を出し続けると、「コイツは真剣だぞ」と、そう思ってくれる。必ず企画書を読み、答えをくれるはずだ。

■企画書を断られたなら

企画書提出を断られたなら、あなたの思っているキラーインフォメーションを明確にひと言で伝えるべきだ。

「必ず御社の経費を節約いたしますので、企画書を読んでいただけませんか?」

このように伝える。それでも「いらない」と言われたならば、それはあなたの責任である。キラーインフォメーションに魅力がなかったのだ。次の機会に、別の方向を考えていかなければならない。

ところが、何度も企画書を出してＮＧが続き、新しい企画書を断られたならば、これはもっと困ったことである。あなたの企画自体が評価されていないのだ。企画が通らなくても、検討に値する内容が含まれているならば、相手は必ず読んでくれる。

勉強し直そう。

■企画がＮＧだった理由は聞かない！

企画書を提出して通らなかったときに、「どうしてダメだったのでしょうか」と、理由を聞く人が多い。

「企画書の内容は素晴らしかったが、ライバルが価格の点で大きく上回った」

「今回のアイディアでは、利益が上がる確証が不足で稟議を通らなかった」

こんな理由を相手は伝えてくれるだろう。次は、必ず通るように努力しよう。

だが、相手が何も言わないケースもある。

「今回は残念ながら、他に決まりました」

こんなときに、「なぜですか」と聞く人が多いが、それには反対である。

もし、何らかの明確な理由があり、かつ企画書が比較対象の俎上《そじょう》に上っているならば、相手は必ず理由を伝えてくれるはずだ。

相手が理由を言おうとしないのに無理に聞き出すと、正しい状況が把握できない。

「いや、もう少しユニークな提案が良かったんですよ」
「別の会社の企画を上司が気に入ってね」

こんな理由を引き出したところで意味はない。

本当かどうかわからないからだ。ダメだった理由を知って、次につなげる必要はない。しかも、相手がそれを伝えてくれたならまだしも、無理矢理引き出した理由は、単なる言い訳や取り繕いであることがほとんどだ。

「ちょっと値段があわなかった」と相手が言っても、それはだいたい「ちょっと」ではない。予算と大幅にかけ離れていたりするのだ。

相手と親しい間柄であったなら、通らなかった理由は必ず伝えてくれるだろう。つまり、無理に聞き出すのは意味がないということなのだ。勘違いのないように。

提案とは、常にベストでなければならない。ベストな提案を提示して通らなかったなら、もう理由などいらないだろう。自分にできるさらに良い提案を作り上げるべきだ。企画書を通すための条件や情報を知りたいなら、それは、企画がNGだったときに聞き出すのではない。〝企画を出す前〟の段階で完璧に聞いておかなければならない、ということだ。

◇社内と社外の企画書は大きく違う

社内に出す企画書とは、新製品企画書、新規事業計画書、販促のアイディア……こういった自分の意見を提示する書類になる。

これに対して、社外に出す企画書とは、業務効率化の提案、広告企画、新製品の提案……、つまり、何かを提案・提示して取引をしていただくものが主である。要するに、営業が中心だ。

この二つには大きな違いがある。まず、これをしっかり理解しておきたい。ちなみに、外部との共同プロジェクトのような企画書は、当然社内に出す企画と同じと考えてよい。社内と社外の企画書の違いをまとめておくので、作り始める段階から注意して取り組みたい。

■相手の読みたさが違う

社内の企画書は、相手が読みたがっているケースが多い。もし読んでもらえなくても、「読んでください」という催促が簡単にできる。ところが、社外に出す企画書は、相手が読みたがらない場合も出てくる。読みたくない相手に催促したところで、相手は読む気にならない。

読むことを頼み込むのではなく、読む気になる企画書を作らなければならないのだ。これは各所で書いてきたことだ。

■時間が違う

企画書を検討してもらうために必要な時間が違う。社内の企画書では、じっくりと時間をかけて検討してもらえる可能性が高く、社外ではパラパラめくって終わりというケースが増える。ならば、パラパラめくった段階で相手のベネフィットが明確になれば、もっと読みたくなるはずだ。また、社外に出す企画書は、やや内容は説明不足だとしても、短めに作ったほうが効果的である。

■ニーズが違う

社内では、企画書の提示を待っている。あなたが、自分の意志で何かを企画して上司に提出したのに「忙しい」と読んでもらえないなら、それは、会社のベネフィットしか提案していないからだ。会社と上司のベネフィットを同時に見せれば、必ず読む気になってくれるはずだ。グチをこぼす前に少し工夫したい。

社外に営業する企画書では、相手はあまり読みたがっていないことも多い。読みたくない相手に読ませることを前提にしなければならない。

■ライバルに関する情報が違う

社内では、多くのケースでライバルの有無がわかるだろう。それに応じて、内容を検討したり、ボリュームの調整ができるかもしれない。どうしても時間がなければ、ある程度時間を節約することもできそうだ。

しかし、社外に出す企画書では、ライバルの有無がわからない。だから常に全力をあげて作らなければならない。

■読み手に関する情報が違う

社内の企画書なら、最終的に誰が読むかがわかる。しかし、社外の企画書では、決定権者がわからないし、誰が読むかも不明だ。ただし、企画書は読み手が増えるほど、反対者が出てくる可能性が高まる。この原則は社内外を問わずに共通である。

◇見積りと企画は必ず同時に提出する

営業では、まず企画書を提出し、次に見積書を出す。何となく、そんな順序をパターンだと思っている人も多いが、それは間違っている。

企画書を提出したなら、同時に見積りも出すべきなのだ。

■見積りがあってこそ検討できる

すべてのビジネスは、最終的にお金のやりとりである。

あなたの企画が素晴らしかったとしても、果たしてそれがいくらなのかがわからなければ検討できないのだ。逆に、多少魅力に欠ける企画でも、コストがかからなければ受け入れられることも多い。

「ビジネスの企画は、必ずコスト込みで判断される」

だから、見積りの後出しは何の意味もない。

では、ライバルが存在し、見積り競争になったらどうだろう？

僕は、原則として反対する。

「値引きは最も簡単でわかりやすく、非常に効果的だが、最も価値のない交渉手段だ」

そもそも、値引きで勝負するなら、果たして企画書に力を入れる必要があるのだろうか？

企画書に力を入れるのは、適正な利益を上げたいからだ。

値引きをせずに売りたいなら、何も工夫せずに価格を提示しても絶対にかなわない。だが、魅力的な企画書と一緒に提示したなら、顧客は納得し、ライバルより多少高くても受け入れられる可能性は十分にある。

社内のプロジェクトでも同様だ。かかるコスト、収益の見込みを必ず企画書と同時に提出する。

例えば、ライバルの出してきた企画に比べて採算性が悪いプランだとしても、初期導入コストが低ければ、受け入れられる可能性は十分にある。あえて値段を後出しにする意味などないのだ。

社内に提出する企画書だからこそ、上っ面で良く見せる必要はない。そのプロジェクト自体を否定することになっても、最終的に会社に対して利益を生み、損失を防ぐことが大切である。しかも、企画を判断する内容がコストを含めて明確になっていることが求められるのだ。

■値引き以外を明確にする

値引きは数字だ。だから、非常にわかりやすく、比較もしやすい。ところが、値引きを抑えて、代わりに何らかの付加価値を付けなければビジネスには勝てない。

しかし、値引き以外の付加価値はなかなか伝わりにくい。ジレンマである。企画書に値引き以外の付加価値を付けるつもりがあるならば、それを明確にしていこう。

値引き以外の当社のサービス
価格以外のメリットはこれだけあります
価格ではかないませんが○×はお任せください

こんな見出しを付けて、ポイントを明確にする。細かい説明は後回しでもいい。とにかく、値引き以外にどんなメリットを提示するのか、それを明確にする。相手が興味を持ってから、細かな部分を読んでもらえばいいのだ。

■具体的に比較のできない言葉を使わない

素晴らしい製品を提案します
お客様に喜ばれるサービスです
大変に人気があります

こういった、見出しや内容は陳腐すぎる。社内であろうが社外だろうが、相手はビジネスのプロだ。「素晴らしい」「人気がある」と言われても、どのくらい素晴らしいのか、どの程度人気があるのか、わからないではないか。具体的に比較のできない見出しは、読む気が起こらない。また、読んでも内容に具体性がなければ、企画書は投げ出される。上っ面の言葉を使わないようにしよう。

◇会議では、手抜きは必ず伝わる。それを恐れよ

社内の企画書では、絶対に手抜きをしてはならない。社外より、社内のほうが手抜きの伝わる可能性が高く、結果、自分自身の評価ががた落ちになる。

頻繁に転職するケースはまれで、ときには五年、十年と同じ企業に勤めることになる。あなたの仕事の進め方や日々の忙しさは、誰でも知っているのだ。だからこそ、その日常業務の中で、どんな企画書を作っていくかが勝負なのだ。極論すれば、あなたにどの程度の企画書作成力があり、どの程度の時間をかけて企画書を作ったのか、直属の上司は知っている可能性が高いのだ。だから、手抜きをするとすぐにばれてしまう。

■怖いほど検証されると考えよ

社内では企画書を作る時間よりも検証をする時間のほうが長いことがある。あなたが三時間かけて出した企画書を、三日間検証することもあり得る。さらに、会議にかけて複数の人の目にさらされると、トータルでの検証時間は一気に何倍にも増える。

その上で、あなた宛に疑問が下りてくる。

「この方法で利益が出る検証をさらに突き詰めて欲しい」

と、こんな指示だ。

社内では、疑念を持って企画書を見る視線、検討する思考が多いと考えたほうがいい。半数以上の人が、あなたの出した企画書を否定してかかる。

だから、相手が一を求めるなら、二か三で答えなければならない。そうしてこそ、初めて正しく検証したと思われる。

疑問に即答できないと、「そんなことも予測しないで企画したのか」と、叱責して喜ぶ人さえもいるのだ。

■適当に企画書を通さない

社内の企画書は、適当に通して「YES」をもらっても意味はない。大事なのは、企画を通すことではなく、ビジネスを成功させて利益を上げることだ。だから、適当に企画書を通してしまい、後で事業が立ちゆかなくなったり、企画した製品が売れないと、さらに大変なことになる。

もし、疑問や質問が出たならば、その疑念をクリアするための答えを用意しなくてはならない。自分も同じ疑いの視点を持って、客観的に打ち消せるかどうかを考えるのだ。

企画を通すための企画書は、最終的に自分の首を絞める。

◇会議出席者の理解度をチェックする

社内の企画書では、相手の理解度が容易にわかる。

社外向けの企画書で、取引の短い相手だと、理解度や決定権に関与する割合がまったくわからないだろう。ところが社内の企画書なら、受け取る相手にどの程度の知識があるのか確実にわかる。相手の理解度に合わせた企画書を作らなければ意味はないのだ。

その基準は、企画を判断する会議出席者全員だ。企画の内容をよく知っている課長とほとんど知らない部長が出席するなら、部長に合わせて作らなければならない。本来なら、不明部分は課長が説明してくれれば手っ取り早いのだが、それは期待できない。

■企画書が上にあがった！

企画書が現場の会議を無事に通過し、役員会にかけられるようになったとしよう。あなた自身が、そこで説明できるケースと、できないケースがあるだろう。どちらにせよ、企画書は、すべて作り直すことを覚悟したほうがいい。

まず、役員の理解度が低いケースがほとんどだからだ。役員の仕事は会社の経営であり、会社全体に目線を振り分けている。一商品、一プロジェクトに精通していたら、役員が務まらないのだ。そこで、一から説明する企画書に作り直す必要がある。また、役職が上にいくほど投資と利益に敏感になることも知っておこう。

さらに、何度かの現場の会議を経て、討議を重ねたなら、その内容を読みやすい形で反映しなければならない。

現場の会議出席者は、企画が通過したプロセスを理解している。だから、余分なことを書かなくても、「あ・うん」の呼吸で理解している部分が多々あるのだ。ところが、ゼロベースで考える役員会では、それまでのプロセスがすべてクリアされている。必要な情報は、面倒がらずにすべて盛り込んでいこう。

■「任せたよ」は最も怖い

企画書が通ったときに、最も怖いのが「任せたよ」のひと言だ。ワンマンの会社ではよくあることだが、決定権者は企画書をろくに見ずに、「みんながOKなら任せた」とか「あなたを信頼しているから任せた」と言う。

もちろん、信頼してもらっていること、評価に対しては感謝しなければならない。しかし、こんなときこそ企画書の内容が完璧でなければならない。

実際のビジネスでは企画書通りにいくことはごくまれである。当初の企画より良くなるにしろ、悪くなるにしろ、予想通りに進むなら、誰も苦労しない。

予想より売れた、予想より売れない――どちらにしろ、企画書には対応策を入れておくべきだ。決定権者が「任せたよ」という企画書の内容には、万が一、ダメだったときの見極めまでも書いておくべきなのだ。

例えば、新製品が発売後三カ月間あまり売れなかったとする。しかし、あなたの戦略では、プロモーションが効いてくるのは半年後だったとしよう。ところが、決定権者は我慢しきれずに「売れないならやめろ」と言ってくるかもしれない。そんなときこそ、「当初の企画書に書いてある通り、六カ月経たないと効果が表れません」と明言できるのだ。

当初の段階から予測していたことならば、それを読んでいなかった上司は黙ってうなずくだろう。企画書とは、そんなビジネスの指針を示す資料でもあるのだ。

◇会議こそ図解が命。説明するなら文章は書かない

会議に提出する企画書で、その場で説明の機会があるなら、できればプレゼンをしたいところ。そんなケースでは、「企画書そのもの」と「プレゼン」を分けて考えよう。必要なら、企画書とプレゼンのスライドを二種類作ることも検討したい。

■会議を通すにはプレゼンが有効

自分の思っている企画を会議で通したいなら、企画書よりもプレゼンが有効だ。

企画書を見せながら説明しても、相手はあなたの言っていることを三割程度しか聞いてくれない。最初は説明を聞いているのだが、興味を持ったページがあれば、そこで止まっ

て思考を巡らせ始める。さらにその先をめくって、どんどん読んでいく人もいるだろう。

これが資料を渡さずに、まずプレゼンをしたなら、全員がスライドに注目してくれる。もちろん、人数が多いならプロジェクターは必須だ。読んで理解してもらうのではなく、説明を聞いてもらうためのプレゼンなので、もちろん文字はほとんど入っていなくてもかまわない。

こんなときこそ図解が生きてくる。概念などは、おおざっぱな図だけを描いておき、それにプラスして口頭で説明すればいい。

詳細な説明は、後で検討できるように企画書として渡すべきなのだ。

■スライドを印刷して渡すのは愚の骨頂

各種のセミナーや展示会に出ると、スライドのプリントアウトを渡してくれる。これはメモを取るために確かに必要だ。ところが、それだけで企画書を渡してくれないケースがほとんどなのが困りものだ。

そもそも、スライドは口頭での説明があってこそ理解できるのだ。現場では納得したとしても、数日経てば誰もが内容を忘れてしまう。同時にきちんとした企画書を作って配布しなければ、説明した内容を余すところなく伝えるのは不可能なのだ。

逆に、スライドに説明がすべて書き込まれているとしたら、それは失格スライドだ。プレゼンのスライドには文章による説明はいらない。つまり、双方を兼用するのは不可能なのである。

◇人の企画書を使い回すのは危険につき、注意する

最近は、文章の共有化がどんどん進んできた。ある大手広告代理店では、部署ごとに作った企画書を蓄積しておき、誰もが使い回せる仕組みを構築している。

古い言葉で言うなら、ナレッジマネジメントである。だが、企画書の使い回しには、大変な危険性がある。

■人の作った企画書で説明ができない

たとえ人の作った企画書であっても、提出した以上、それはあなたの責任の範疇に入

る。当たり前だ。間違っても、「人の作った企画書だからよくわかりません」などと言ってはいけない。

ところが、人の作った企画書を使い回すのに慣れてくると、いつの間にか手抜きがひどくなる。内容を大して読まずに、該当箇所だけを差し替えて提出してしまうのだ。

顧客から肝心な部分に関する質問が出ても、すぐ答えられなくて困ってしまう。

顧客は、質問をしたときに、あなたが改めてその箇所を読んだりする仕草や態度を見て、「ああ、これは本人が作ったのではないな、理解していないな」と、間違いなく気づく。

上司が部下に作らせた企画書の場合には、そうはならない。上司は「すみません、部下に作らせましたが、つまり、○×ということです」と、躊躇なく答えられるはずだ。つまり、内容を完全に理解していれば、何の問題もないのだ。

■修正ミスが生じる

企画書の使い回しで、慣れてくるほどに起こるのが修正ミスだ。

日付の間違い、数字の間違い、顧客名の間違いなど、一発で使い回しがばれる内容のミスが、いつの日か起こるだろう。別の顧客名が入っていたりしたら、僕だったら取引はしない。いい加減な企画書を出す相手に、大事な取引を任せられないからだ。

企画書の使い回しでは、念を入れて読み直し、ミスを防いだほうがいい。

■最良の使い回しとは

繰り返すが、企画書の使い回しに際しては、決して手抜きをしてはならない。

人の作った企画書を参考にしながら、自分で最初から作るのがベストだ。つまり、手を抜いてコピーしようと考えないほうがいいのだ。もしくは、必要な部分だけコピーペーストする。できる限り、自分で作り直したい。

企画書で一番大事なのは内容だ。だから、同僚の作った企画書に、とても良い部分、参考にしたい部分があるなら、それを参考として使わせてもらうのは何の問題もない。だが、自分でも作れる文章や説明を手抜きしたいばかりに流用していると、結局痛い目に遭う。使い回しを、手抜きや楽をするために行うのは間違っている。同僚の企画のほうが、内容が素晴らしいから、契約向上のために使わせてもらうのだ。

もし、自分に企画書を作る能力がないと思うなら、使い回しではなく、部下に一から作ってもらうべきだ。

◇企画書作りほど楽しい作業はない

最後に、企画書作りの楽しさについてまとめておこう。僕は、「企画書を見る」コンセプトの本をたくさん書いてきた。もちろん、その際には自分で取材をして、企画書を見せてもらい、作った人の感想を聞いた。

まず、企画書を作れることに、誰もが感謝をしていた。楽しく、うれしいと感じているのだ。自分の考えを提示し、それをビジネスに活かせるのはとても素晴らしいことだと思っているのである。

確かに、企画書作りは苦しい。だがそれは、うまい図が作れないから苦しいのでも、文章が苦手だから苦しいのでもない。自分の言いたいことが、思い通りに伝わらないから苦しいのだ。

取り繕うことも、文章に凝ることも、図解で相手を説得しようと思うことも、とりあえずやめてしまおう。大事なのは、自分の持っている能力の範疇で、自分の考えを相手に伝えることなのだ。

■無理をしなければ企画書作りは楽しくなる

自分では大して良いとも思っていない商品を、何倍も素晴らしく見せる企画書を作るのは間違っている。間違っているから辛いのだ。

だから、企画書で無理をするのはやめよう。

その商品について感じている、〝自分の正直な気持ちをそのまま反映させた企画書〟を、しっかり作ればいい。

嘘偽りや粉飾がない企画書は一番力を持っている。自分の考えが正しく伝わる。

自社の製品がイマイチだと感じていても、良い部分が必ずあるはずだ。そこを顧客に伝える努力をしよう。もしも、まったく良い部分がないのなら、その商品を売るべきではない。企画書以前の問題である。

顧客や上司は、「僕はここが素晴らしいと思います」という言葉を信頼してくれる。

ところが、「この製品は、どこを見てもスゴイです」というのは、何となくうさんくさく感じる。

本心で思ってもいないことは、相手に必ず伝わる。企画書の文脈からも伝わっていく。だから、例えばカタログに商品の良さが五つ書いてあっても、あなたが二つしか優れていないと思うなら、そこだけを書けばいい。

繰り返そう。現代社会には、すべての面でライバルより優っている商品はない。また、リスクゼロで、完璧に成功するビジネスモデルもあり得ない。

企画書の役割は、商品の欠点や、新規事業の失敗の可能性まで含めて伝えることにある。賛美を重ね、見た目が美しければいいカタログとは違うのだ。

【参考文献】
『説得と影響』　榊博文著　ブレーン出版
『プレゼンの鬼』　戸田覚著　翔泳社
『これがトップ営業マンの売り方だ！』　戸田覚著　ダイヤモンド社

おわりに

一日に三〇件の電話をかけるのはとても大変だが、三〇通のメールのやりとりなら、多くの人が日常的に行っている。同様に、一日に一〇件の商談をこなすのは難しいが、〝一日に一〇通の企画書〟なら、十分に作れる可能性がある。

すべて、デジタルの効用だ。パソコンが普及し、ビジネスのコミュニケーションにメールや文書ファイルが用いられるようになった結果、我々がやりとりする情報量が圧倒的に増えているのだ。このことを考えれば、企画書を作る能力が今後のビジネススキルの中で最も重要視されることは疑う余地がない。

つい十年前まで、企画書と言えばクリエーターの領域だった。ところが今や、あらゆる職種の人が作る、当たり前の書類になっているのだ。僕が「企画書作りに長けていると、仕事に勝てる」と断言する理由はここにある。

■企画書は次の世代に突入している

本書で紹介している企画書は、過去のクリエーター達が作ってきたものとは、別物である。本来なら、口頭で説明・説得すべき情報を、企画書が提示するケースがどんどん増えている。一般ビジネスマンが作るべき企画書（本書で紹介した企画書）は、そこで役立つ資料なのである。

つまり、同じ〝企画書〟と言っても、我々が目指すのは、これまでに作られてきた企画書とは少々毛色が違うのである。もっと実務的で、データを重視した資料でなければならない。日常的に作るからこそ、「言いたいことが確実に伝わる企画書」を、〝できるだけ時間をかけずに〟作るスキルを持つことが大事なのだ。

さて、企画書は、口頭での説得に比べると、とても強い力を持っている。しかしその反面、恐ろしい面があることもしっかりと頭に叩き込んで欲しい。

本書の中で繰り返し書いてきたのが、企画を通すための企画書を作らないということ。自分自身が良いと思っていないものを「良い」と書く――絶対にそんな企画書を作ってはいけない。〝嘘の企画書〟が相手の手元に後々まで残るのは怖いことだ。

相手に渡した企画書は会話とは違って確実な記録になる。だから、たとえその時は、上っ面のコンセプトや中味のないデータが受け入れられたとしても、あとで苦労する。最も大切にしなければならないのは、実は、正しいビジネスを進める精神や心、気持ちなのだ。

正しいビジネスの精神は、本書のもう一つの柱にも生きている。「企画書には相手のベネフィットが明確に示されていなければならない」と、繰り返し書いてきた部分である。お客様や会社、上司、同僚のためになる仕事をしようという精神が生きている企画書こそが、受け入れられるのだ。

本書をお読みいただいて、良い企画書ができたならば、僕は最高に幸せです。そして、その企画書をぜひ私に見せていただきたい（バッチリ参考にさせていただき、エッセンスを盗ませていただきます！）。

最後に、巻末ながら、これまでに私に企画書を見せてくださった多くの皆様に深くお礼申し上げます。また、本書執筆にご協力をいただいた、ＰＨＰ研究所・吉村様、弊社スタッフの皆様にも重ねてお礼申し上げます。

平成十八年九月吉日

戸田　覚

PHP
Business Shinsho

戸田 覚（とだ さとる）
ビジネス書作家・コンサルタント。株式会社アバンギャルド、株式会社戸田事務所代表取締役。
ハイテク、パソコン、成功する営業のコツ、新商品開発、新事業開発といったテーマを中心に、執筆、出版プロデュース、講演、コンサルティングに携わる。特に、営業マン、ヒット商品、企画書などのテーマでは、膨大な取材をベースに数々のヒット作を生み出す。ビジネス誌、パソコン誌、情報関連雑誌をはじめとして、多数の連載を抱え、著書は80冊を超える。
主な著書に、『ヒット商品の企画書が見たい！』『あのヒット商品のナマ企画書が見たい！』『儲かる商売のナマ現場が見たい！』『商談現場のナマ見積書が見たい！』『トップセールスマンの商談が見たい！』（以上、ダイヤモンド社）、『プレゼンの鬼』（翔泳社）、『図解「できる人」のスーパー仕事術』（PHP研究所）などがある。

URL：http://avant-garde.jp/
URL：http://www.toda-j.com/weblog/

PHPビジネス新書 016

すごい人のすごい企画書
一発で決まる！ 勝てる！ 本物の極意

2006年11月6日 第1版第1刷発行

著者 戸田 覚
発行者 江口克彦
発行所 PHP研究所
東京本部 〒102-8331 千代田区三番町3番地10
ビジネス出版部 ☎03-3239-6257（編集）
普及一部 ☎03-3239-6233（販売）
京都本部 〒601-8411 京都市南区西九条北ノ内町11
PHP INTERFACE http://www.php.co.jp/
装幀 齋藤 稔
制作協力・組版 PHPエディターズ・グループ
印刷所
製本所 共同印刷株式会社

ISBN4-569-65718-4

「ＰＨＰビジネス新書」発刊にあたって

わからないことがあったら「インターネット」で何でも一発で調べられる時代。本という形でビジネスの知識を提供することに何の意味があるのか……その一つの答えとして「**血の通った実務書**」というコンセプトを提案させていただくのが本シリーズです。

経営知識やスキルといった、誰が語っても同じに思えるものでも、ビジネス界の第一線で活躍する人の語る言葉には、独特の迫力があります。そんな、「**現場を知る人が本音で語る**」知識を、ビジネスのあらゆる分野においてご提供していきたいと思っております。

本シリーズのシンボルマークは、理屈よりも実用性を重んじた古代ローマ人のイメージです。彼らが残した知識のように、本書の内容が永きにわたって皆様のビジネスのお役に立ち続けることを願っております。

二〇〇六年四月

ＰＨＰ研究所